从零开始学
活动策划

高彪 编著

清华大学出版社
北京

内 容 简 介

如何快速学会活动策划？从菜鸟到老鸟，避免走弯路搞砸活动。

如何连接好线下与线上？从实体企业，到电商、新媒体，搞定各类活动。

本书由浅入深，全面讲解活动策划的准备工作、市场调研、对象分析、达成目的，以及时间地点、费用预算、宣传造势、执行流程、节奏掌控，还介绍了具体文案如何编写、营销等内容。

书中从活动策划的基础理论到案例实战，有步骤、有文案，落实性强、执行性高，帮助读者从入门到精通活动策划，提升成功概率。

本书适合各类活动策划人员，无论是线下的实体活动，还是线上的电商活动，或是新媒体平台的活动，本书都可以给你帮助；同时，也适合作为各大专院校活动策划、电子商务、新媒体等相关专业的教材资料。

本书封面贴有清华大学出版社防伪标签，无标签者不得销售。
版权所有，侵权必究。举报：010-62782989，beiqinquan@tup.tsinghua.edu.cn。

图书在版编目(CIP)数据

从零开始学活动策划/高彪编著. —北京：清华大学出版社，2020.8（2024.2重印）
ISBN 978-7-302-56081-4

Ⅰ. ①从⋯ Ⅱ. ①高⋯ Ⅲ. ①活动—组织管理学 Ⅳ. ①C936

中国版本图书馆 CIP 数据核字(2020)第 136769 号

责任编辑：张　瑜
装帧设计：杨玉兰
责任校对：王明明
责任印制：丛怀宇

出版发行：清华大学出版社
　　网　　址：https://www.tup.com.cn，https://www.wqxuetang.com
　　地　　址：北京清华大学学研大厦 A 座　　邮　编：100084
　　社 总 机：010-83470000　　　　　　　　邮　购：010-62786544
　　投稿与读者服务：010-62776969，c-service@tup.tsinghua.edu.cn
　　质量反馈：010-62772015，zhiliang@tup.tsinghua.edu.cn

印 装 者：三河市人民印务有限公司
经　　销：全国新华书店
开　　本：170mm×240mm　　印　张：14.75　　字　数：350 千字
版　　次：2020 年 9 月第 1 版　　　　　　　印　次：2024 年 2 月第 5 次印刷
定　　价：49.80 元

产品编号：063042-01

前　　言

俗话说：授人以鱼，不如授人以渔。大致意思为：传授人现有知识，还不如传授给别人学习知识的方法。

在当今社会中，我们经常会见到许许多多、大大小小的活动，也会对别人成功举办的活动发出感叹：为什么别人可以将活动做得如此成功，还能给自身的企业和品牌带来非凡的影响？所以很多时候都会心生羡慕。但是你要相信这其实并不难，只要自己愿意花时间去学习，也是可以做到的。本书就是为活动策划的初学者量身定做的一本实战教程，书中蕴含了满满的干货和实用性强的技巧，相信通过学习，新手也能变高手，菜鸟也能变大咖！

书中第 1~6 章，内容包括：初步认识，全面了解；深入了解，具体工作；深度分析，主体思路；执行活动，严谨把控；剖析活动，创造价值；掌握要点，策划核心。从活动策划的基本概念、出发目标、方案流程、优势作用等各个方面，结合书中的案例和图解，奉献给大家一目了然的方案和创作技巧。

书中第 7~10 章，内容包括：了解文案，准确定位；创编文案，把握技巧；写作分析，注意要点；综合实战，多种类型。这 4 章重点讲解了活动策划中文案的价值作用、策划思路、执行要点等，列举了大量的实战技巧，构建了丰富的图解分析，帮助大家的活动策划能力上一个新台阶。

任何一件事想要做成，前期肯定需要付出心血和汗水。活动策划也不例外，也需要在实践中积累经验，只有通过日积月累的学习与实践，才能将所学的东西真正学以致用。

本书由高彪编著，参与编写的人员还有王海波等人。由于编者知识水平有限，书中难免有疏漏之处，恳请广大读者批评、指正、沟通和交流。

编者

目录

第1章 初步认识，全面了解..............1
  1.1 全面了解，策划内容 2
    1.1.1 基本目的，营利推广 2
    1.1.2 应用平台，多种分类 4
    1.1.3 策划原因，打造人气 4
    1.1.4 具体作用，宣传品牌 7
  1.2 活动文案，促进成功 8
    1.2.1 文案目的，吸引眼球 8
    1.2.2 文案活动，紧密连接 12
  1.3 网络优势，发展活动 16
    1.3.1 线上活动，提供便利 16
    1.3.2 网络优势，节约成本 21
    1.3.3 策划难题，规避风险 25

第2章 深入了解，具体工作............27
  2.1 牢记要点，策划活动 28
    2.1.1 明确目标，构思活动 28
    2.1.2 制定方案，有效指导 29
    2.1.3 估算费用，掌握去向 29
    2.1.4 保证活动，真实可行 31
    2.1.5 安排工作，严谨分配 32
    2.1.6 确定流程，罗列重点 33
    2.1.7 应对变故，启用备案 33
  2.2 确定方案，落实工作 34
    2.2.1 确定主题，围绕核心 34
    2.2.2 择定类型，实现精准 34
    2.2.3 宣传造势，号召受众 35
    2.2.4 活动签到，增加效果 35
    2.2.5 人员发言，介绍内容 37
    2.2.6 了解受众，规划节目 37
    2.2.7 根据特点，介绍产品 38
    2.2.8 总结活动，答谢来宾 39
    2.2.9 活动落幕，完善收尾 39
    2.2.10 记录工作，开展议会 40

第3章 深度分析，主体思路............41
  3.1 做好策划，遵守原则 42
    3.1.1 分析特点，能否实操 42
    3.1.2 嵌入新意，大胆创新 43
    3.1.3 积极参与，聚集人气 43
    3.1.4 借助时事，学会造势 44
    3.1.5 吻合主题，营造氛围 44
    3.1.6 直截了当，利益直明 45
  3.2 了解实战，总结心得 46
    3.2.1 根据理由，挖掘活动 46
    3.2.2 掌握规则，事半功倍 47
    3.2.3 抓住重点，规范撰写 48
    3.2.4 了解要点，规避问题 49
    3.2.5 策划人员，素质培养 50

第4章 执行活动，严谨把控............52
  4.1 活动流程，掌握全场 53
    4.1.1 确认活动，分配人员 53
    4.1.2 活动现场，防范失序 53
    4.1.3 发挥主持人的作用 54
    4.1.4 人员聚集，引导分流 55
    4.1.5 安排摄影，拍照留念 56
  4.2 活动过程，控制人员 59
    4.2.1 设置签到，核对嘉宾 59
    4.2.2 相互沟通，确保顺畅 60
  4.3 活动节奏，划分阶段 60
    4.3.1 执行活动，把握时间 61

　　　　4.3.2　渲染气氛，调动情绪 64
　　　　4.3.3　加深记忆，留下印象 67

第 5 章　剖析活动，创造价值 69

　5.1　策划优势，少走弯路 70
　　　5.1.1　相互传播，主动体验 70
　　　5.1.2　围绕主题，吸引注意 70
　　　5.1.3　受众群体，范围较广 71
　　　5.1.4　成本较低，效果更好 72
　5.2　策划作用，提升美誉 72
　　　5.2.1　曝光品牌，服务受众 72
　　　5.2.2　调动受众，积极参与 73
　　　5.2.3　连接受众，增加情感 74
　5.3　网络营销，提供便捷 74
　　　5.3.1　宣传推广，加速传播 77
　　　5.3.2　容量更大，信息可改 79
　　　5.3.3　数据更准，经验驱动 80
　　　5.3.4　人员更优，提高效率 80
　　　5.3.5　多种方式，增加盈利 82
　5.4　活动营销，扩大影响 85
　　　5.4.1　奠定基础，学做计划 88
　　　5.4.2　营销方式，增忠诚度 91
　　　5.4.3　根据标准，划分类型 93

第 6 章　掌握要点，策划核心 96

　6.1　核心部分，时间选择 97
　　　6.1.1　时间恰当，效果加倍 97
　　　6.1.2　预留时间，做好准备 97
　　　6.1.3　时间选择，结合实际 98
　6.2　地点选择，吸引受众 99
　　　6.2.1　地点作用，展示活动 99
　　　6.2.2　根据活动，确定地点 99
　6.3　宣传方式，提高效率 101
　　　6.3.1　宣传作用，达成目标 101
　　　6.3.2　宣传渠道，嵌入特色 102

　　　6.3.3　宣传方式，择优选精 103
　6.4　制定流程，贯穿活动 105
　　　6.4.1　活动原则，符合性质 105
　　　6.4.2　策划流程，整体为主 106
　6.5　活动尾声，完美落幕 109
　　　6.5.1　活动清场，做好善后 109
　　　6.5.2　做出总结，累积经验 111
　　　6.5.3　评估活动，资料存档 119

第 7 章　了解文案，准确定位 121

　7.1　文案释义，做好定位 122
　　　7.1.1　活动文案，基本概念 122
　　　7.1.2　文案构成，图文为主 122
　　　7.1.3　常见文案，3 大种类 125
　　　7.1.4　文案价值，展现产品 127
　7.2　明确对象，定位内容 129
　　　7.2.1　产品定位，找准卖点 129
　　　7.2.2　消费调查，确定人群 132
　　　7.2.3　平台定位，明确运营
　　　　　　基调 133
　　　7.2.4　用户定位，找准受众
　　　　　　特性 134
　　　7.2.5　内容定位，发挥优势 136
　　　7.2.6　特色定位，吸引目光 137
　7.3　通过调研，探明需求 139
　　　7.3.1　市场调研，了解变化 139
　　　7.3.2　借助调研，推动发展 140
　　　7.3.3　精准调查，把握需求 142

第 8 章　创编文案，把握技巧 149

　8.1　文案作用，提升声誉 150
　　　8.1.1　文字感染，带来收益 150
　　　8.1.2　编写文案，掌握技巧 154
　　　8.1.3　创作者要求，经验
　　　　　　丰富 156

8.1.4 文案与美工，相辅相成 158

8.2 市场调研，创写文案 158
 8.2.1 文案研究，提前准备 159
 8.2.2 制定流程，构建文案 161
 8.2.3 文案形式，体现卖点 164
 8.2.4 追求创新，打造卖点 169
 8.2.5 文案类型，展示产品 171

8.3 善用技巧，完善文案 172
 8.3.1 创新标题，营造效果 173
 8.3.2 以简为主，突显主题 173
 8.3.3 通俗易懂，展示内容 174
 8.3.4 明确内容，避免空泛 175
 8.3.5 用语谨慎，规避术语 175
 8.3.6 去除复杂，做到精简 176

第 9 章 写作分析，注意要点 177

9.1 玩转文字，重在写作 178
 9.1.1 段落长度，适当控制 178
 9.1.2 分割内容，便于阅读 179
 9.1.3 视觉设计，突出字句 179
 9.1.4 信息展示，全面呈现 180
 9.1.5 添加编号，引导阅读 181

9.2 写作禁忌，不可触犯 182
 9.2.1 文案创作，明确中心 182
 9.2.2 内容求全，扣住核心 182
 9.2.3 追求质量，不求数量 183
 9.2.4 粗心大意，容易犯错 184
 9.2.5 内容布局，排列有序 185
 9.2.6 了解产品，符合市场 186
 9.2.7 缺乏方案，不能坚持 187

9.3 抓住卖点，产生共鸣 189
 9.3.1 顾客角度，推荐产品 189
 9.3.2 卖弄情怀，产生共鸣 190
 9.3.3 销售依据，支持论点 190
 9.3.4 提供承诺，附加服务 191
 9.3.5 明确卖点，独特销售 191
 9.3.6 5 个阶段，促进销售 192
 9.3.7 熟记公式，打动受众 192

9.4 借助故事，自发传播 193
 9.4.1 艾达公式，吸睛为主 193
 9.4.2 融合故事，贴近生活 194
 9.4.3 再现情境，煽动情绪 195
 9.4.4 层次传播，"声"入人心 195

9.5 文案营销，讲好故事 196
 9.5.1 谨记大忌，实事求是 197
 9.5.2 网络叙述，幽默搞怪 197
 9.5.3 找准受众，收获认可 197
 9.5.4 详情作用，留住受众 198
 9.5.5 品牌文化，真情营销 199

9.6 文案故事，实施技巧 199
 9.6.1 内容为主，形式为辅 200
 9.6.2 搭建桥梁，激发灵感 200
 9.6.3 装饰标题，引发兴趣 201
 9.6.4 紧扣标题，推销产品 202
 9.6.5 借势时事，提炼自身 202
 9.6.6 文案排版，借鉴报媒 203
 9.6.7 渠道推广，形式效应 205
 9.6.8 新奇故事，掌握好"度" 206

第 10 章 综合实战，多种类型 207

10.1 节日活动，巧借气氛 208
 10.1.1 元宵活动，灯谜助力 208
 10.1.2 情人节活动，调动情绪 208

10.2 促销活动，增加收益 209
 10.2.1 线上推广，保障活动 210

10.2.2 线下活动，加大力度 211
10.3 会展活动，重在交流 212
    10.3.1 围绕主题，宣传文化 .. 212
    10.3.2 主题展览，内容吸睛 .. 213
10.4 企业活动，形式多样 214
    10.4.1 会议活动，突发进行 .. 214
    10.4.2 员工娱乐，增进感情 .. 214
10.5 公关活动，展示形象 215
    10.5.1 公益活动，提高声誉 .. 215
    10.5.2 新闻发布会，掌握诀窍 216
10.6 大学活动，增加经验 217
    10.6.1 社团活动，亮点创新 .. 217
    10.6.2 班级活动，释放压力 .. 218
10.7 微信活动，引流战场 219
    10.7.1 微信朋友圈，挖掘喜好 219
    10.7.2 微信公众号，内容为王 219
    10.7.3 微商活动，关注引流 220
10.8 行业活动，提高销量 221
    10.8.1 餐饮活动，做好口碑 221
    10.8.2 游戏活动，调动兴趣 223
10.9 互联网活动，走在先列 224
    10.9.1 众筹活动，引起注意 224
    10.9.2 团购活动，注重好评 225

第 1 章

初步认识，全面了解

学前提示　随着营销活动的兴起与发展，各行各业逐渐有了自己的品牌营销活动，并且产生了许多非常成功的活动案例。人们意识到，成功的活动对于营销的作用是很大的，因而活动策划也越来越受到各行业人士的重视。本章就将带领大家初步认识活动策划的基础知识。

要点展示
- ▶ 全面了解，策划内容
- ▶ 活动文案，促进成功
- ▶ 网络优势，发展活动

1.1 全面了解，策划内容

所谓活动策划，其实就是制定一种市场营销活动方案。它隶属于文案，但与文案之间存在一定的区别：文案仅限于文字表达，而活动策划是一种为活动而进行的总体规划，除了用文字表现之外，还需要在实际应用中施行。一个好的活动策划，可以对品牌进行推广、提高企业声誉，甚至还可以提高产品的市场占有率。

1.1.1 基本目的，营利推广

活动的基本目的是活动策划的出发点，从这一点来看，可以将活动分为宣传推广型和营利目的型两种。

1. 宣传推广型活动策划

一些比较注重品牌宣传与推广的企业，会选择策划宣传推广型活动，以此来进一步扩大品牌的宣传力度。宣传推广型活动的主要目的，不是销售产品营利，而是宣传品牌。所以，宣传推广型活动在形式上一般十分惹人注目，各种类型的晚会是其惯用的表现形式。常用的宣传推广型活动策划形式有以下几种，如图1-1所示。

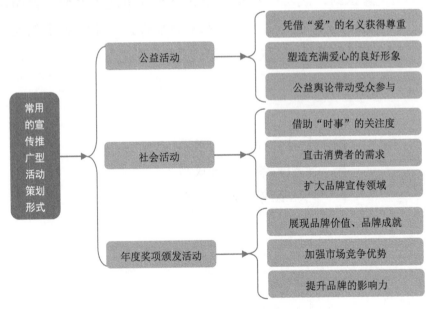

图1-1 常用的宣传推广型活动策划形式

例如，某公司在端午节推出"吃粽子庆端午"活动宣传推广品牌。为了推广此次活动，还特意邀请了知名人士出席了开幕仪式，以献爱心的方式联合多家企业公司爱心捐献 18 万元购买粽子赠送给当地全市的孤儿和五保户，让他们在端午节当天一起分享佳节美味，用捐赠爱心粽子为由头，进一步推介和宣传品牌，成为了万众期待的宣传活动。

"吃粽子庆端午"活动的成功之处就在于它不仅在产品上抓住了消费者的需求，还在味觉上给消费者带来了不同的体验。公益宣传的活动形式，能大大提高企业的宣传力度。

2. 营利目的型活动策划

不管企业进行哪种营销活动，其目的必定以营利为主，因此，营利目的型活动策划得到了很多企业的重视。只要方式、方法运用得当，活动就能引起消费者的关注，勾起消费者的购买欲望。如图 1-2 所示为营利目的型活动策划的概念。

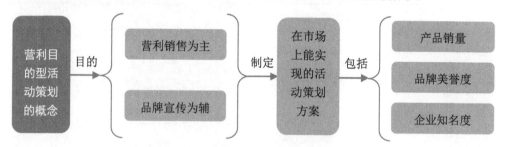

图 1-2　营利目的型活动策划的概念

活动策划者在进行营利目的型活动策划的操作时，可以把大众感兴趣并关注的事物作为主题，从侧面突出企业产品或品牌，这样能大大提高企业产品的知名度和美誉度。

例如，某品牌凉茶在商场外推出参与"保龄球"销售活动，参与该活动即可免费获得该品牌凉茶，当时不少逛商场的消费者积极参与。这样的活动以游戏为主题，以产品为奖品，大大地吸引了人们的注意力，既能增加产品的曝光率，又能勾起消费者的购买欲望。

一般来说，活动策划者只要从以下几个方面努力，即可有效实现营利目的型活动策划的目标：

- 首先，必须确定能吸引消费者的活动主题，可以从消费者的兴趣、消费者的关注和消费者的需求 3 方面入手；
- 其次，要明确采取营利目的型活动策划的主要产品；
- 再次，要明确营利目的型活动策划的定位，可以从产品的定位、价格的定位、市场的定位和活动的渠道定位以及营销手段定位 5 个方向来定位产品；

- 最后，要完善策划，活动在整个过程中是否做到面面俱到，对整个活动的准备工作进行查漏补缺。

1.1.2 应用平台，多种分类

活动的应用平台是活动策划的着手点，从这一点来看，可以将活动分为线上型和线下型。

1. 线上活动策划

线上型活动是在互联网上进行的活动，其活动策划一般多见于各大电商平台。除了线上促销活动外，凭借互联网强大的交互功能，线上活动也发展出许多独特的活动类型，如众筹活动、团购活动和网上募捐活动，相关分析如图1-3所示。

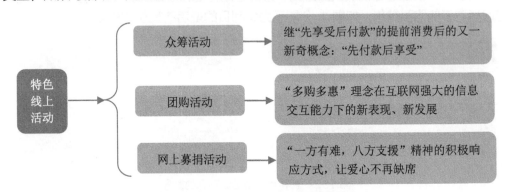

图1-3 线上活动独特类型的相关分析

2. 线下活动策划

线下活动是在实际生活场景中进行的活动，其活动策划一般多见于各大文娱晚会、地方性活动和商家促销活动等。

线下活动策划并不是指那些只在线下进行的活动，例如大型文艺会演晚会，除了在演出场地进行之外，还经常会在电视和网络上进行直播。这里所说的线下活动策划，是指以线下活动为主、其他方式为辅助的传播的活动形式。

例如，著名的一年一度举国同庆的盛会——春节联欢晚会，就在电视和网络上，甚至是电台上都有同步直播。

1.1.3 策划原因，打造人气

企业在选择营销方式、推广手段的过程中，一般需要了解营销方式或推广手段各自的优势，并选择对自身产品最有利的方式或手段。这样，企业在产品推广、销售的过程中才不会走太多弯路。下面来了解活动策划的优势。

1. 强大的互动传播能力

企业之所以会进行活动策划，是因为它具有 3 大特点。这 3 大特点可以大大加强互动传播能力，如图 1-4 所示。

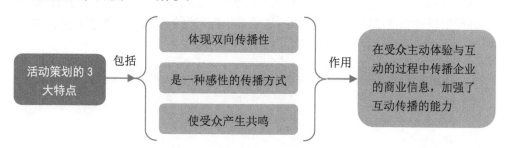

图 1-4　活动策划的 3 大特点

企业若想在活动策划中实现信息传播，必须要抓住"体验点"来设计活动策划方式。其目的就是让受众在活动中，能有一个难忘的、快乐的体验。这样既能提高受众的参与度，又能让受众在体验过程中巧妙地将企业商业信息传递到位。

2. 较少的信息宣传限制

在策划活动时，企业作为主办方，因为考虑到企业自身经济情况、活动策划内容和受众群体的原因，它们可以自行选择活动举行地点和活动进行时间，所以通常很少会受到一些常见的限制，如地理因素和时间因素等。

3. 深入的品牌形象推广

活动策划基本都是围绕着一个特定主题开展的。一般来说，开展的活动主题具有 4 个方面的作用，如图 1-5 所示。

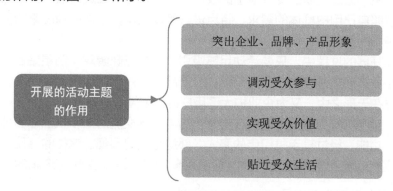

图 1-5　开展的活动主题的作用

活动主题的这些作用，是为提高在受众心中的品牌知名度做好铺垫。若能让受众积极参与到活动中来，既能让受众在精神层面上感到满足，又能让受众在生活层面上获得娱乐，这能对企业的公关效应起到特别大的作用。

例如，伊利牛奶在微博上发布"你把牛奶送给谁"的活动信息，在当时的阅读量就有 3000 多万，讨论的人数也有超过 10 万人，这就说明此次活动策划效果是不错的，并且很好地抓住了粉丝心理，以"送给谁"这句话的神秘感让更多的人对此充满了好奇，还大大提高了品牌的知名度，如图 1-6 所示。

图 1-6　伊利"你把牛奶送给谁"活动

4．广大的可选受众范围

一般来说，活动策划的受众范围比较广。当然，企业在进行活动策划的过程中，还是需要按照自己用户群体的需求、特点进行策划工作，这样策划出来的活动才不会出现"冷场"的情况。

在活动开展的过程中，只要活动足够吸引人，如趣味游戏、明星站台、福利礼品等，那么企业产品的潜在用户、之前对企业产品不感兴趣的用户也会主动参与到活动中去，这样在无形之中，又为企业扩大了用户群体范围。

例如，某手机厂商邀请某明星在自家门店与粉丝交流对某手机的体验感以及演示手机的各个功能，经过某手机门店的路人，都纷纷上前围观。这样的活动，就是利用了明星的名气来吸引明星粉丝、对明星感兴趣的路人以及喜欢凑热闹的人群。

5．高效的营销收益成果

不管是在电视上还是网络上，绝大多数广告的费用都不便宜。对于那些小型企业来说，推广产品的广告费是一种比较大的支出，同时也可能是负担，主要表现在 3 个方面，即具有较高的风险性、难以符合当时消费者的需求、活动效果可能不佳。

相对来说，以活动的方式对产品进行推广的成本比较低，其效果也更加明显，在活动中企业的受益程度也要比"冰冷"的广告强几十倍。如图 1-7 所示为企业和受众在活动中能获得的好处。

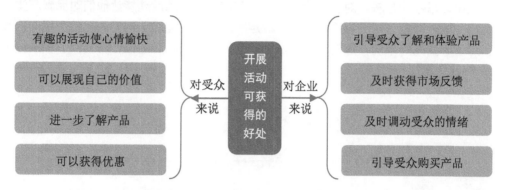

图 1-7　企业和受众在活动中能获得的好处

1.1.4　具体作用，宣传品牌

活动策划的主要作用在于帮助企业宣传品牌，因此便需要一些营销手段来达到宣传效果。下面从 4 个方面对达到这一目的的方法进行详细分析，了解如何更好地对企业品牌进行宣传。

1. 吸引受众的目光

一个好的活动策划能吸引受众主动参与活动。只有受众愿意参与活动，才能达到企业通过活动的方式向受众传播商业信息的目的。

例如，支付宝于 2019 年开启了以"五福四海过福年"为主题的集五福活动，并在以往活动的基础上新推出了"花花卡"——拥有花花卡，有机会抽取最高金额为 48888 元的"全年帮你还花呗"大奖。这一活动就很好地吸引了受众的目光并让他们主动参与其中。最终 327895015 人集齐了富强福、和谐福、友善福、爱国福、敬业福，共分得 5 亿元。

2. 宣传品牌的形象

对企业来说，一个好的活动策划就是一条增加企业品牌曝光率的有效渠道。消费者积极参与到活动中，就会对活动中出现的所有因素产生"自主注意"意识。届时，企业在活动中注入的商业信息也不会让消费者产生厌恶的感觉，他们反而更愿意接受这些信息，大大提高了商业信息或品牌的曝光率。

3. 培养用户的感情

对品牌来说，活动是培养核心用户以及留住长期客户的重要手段。如果说产品是营销的关键，宣传是营销的主力，那么用户就是营销的服务主体了。

想要获得稳定的客流，就要让用户了解你的品牌价值，而通过活动向用户灌输品牌价值是非常好的方法。对于新用户来说，首次消费优惠活动能让他们对品牌产生一个良好的第一印象；对于老用户来说，稳定的回馈活动能增加他们对品牌产品的依赖度；对于忠实用户来说，定期的会员活动能维护他们对品牌的信任与支持。相关分析如图1-8所示。

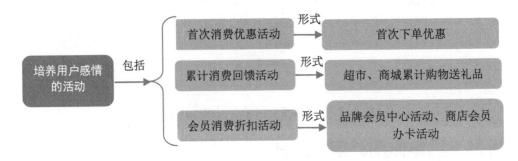

图1-8 培养用户感情的活动

4. 增进受众的交流

一个好的活动策划，并不只是对企业有好处，对于参与活动的受众来说同样也是益处多多，最大的好处在于能促进受众间的交流，增加受众间的情感。

人们可以通过活动，与自己的亲朋好友连接在一起，一起分享活动的快乐，也可以在活动中结交新的朋友。活动就成为人与人之间加深感情的桥梁。例如，在支付宝"集五福"活动中受众间的交流非常突出，如受众与受众间可相互交换多余的福卡。

1.2 活动文案，促进成功

现今的营销和活动都是宣传先行，而说到宣传，就不得不提到文案了。对于宣传推广来说，文案有着不可替代的重要作用。而对于活动本身来说，文案也具有重要的推动作用。

1.2.1 文案目的，吸引眼球

文案作为营销最常用也是最好用的手段之一，经常运用在各种营销活动之中，它可以给活动带来巨大的效益。文案对活动策划的帮助主要表现在 3 个方面，具体分析如下。

1. 提前产生影响力，为活动造势

一般意义上的活动，无论其规模大小，宣传是文案最常运用的一个功能。因为对活动来说，宣传十分重要。

由于活动一般不会持续很久，所以一旦宣传不到位，活动开展时没有足够的人来参加，那么活动效果也会大打折扣。因此，许多活动都会在活动进行前就开始宣传造势，力求通过造势对活动的宣传作用发挥到最大。

但是也不是说宣传力度越大越好，还需要考虑活动的规模，因为活动的规模与活动的承载量直接挂钩。

如果活动规模比较小，若大力进行宣传，吸引到超出活动服务能力的受众数量，必然会导致大部分受众得不到很好的活动体验，甚至根本参加不了活动，这样会给活动的口碑带来不好的影响，不仅不利于活动的长期、定期举办，并且会使活动效益转化率变得十分低下。如果活动的规模比较大，但宣传却不"给力"的话，更会直接影响活动的收益。

此外，根据活动规模大小的不同，文案宣传的形式也应不同。如果活动规模大，就可以选择巨幅海报标语、大型电视台广告、热门网站推送等方式；如果活动规模小，就可以选择活动口号、张贴传单和发送传单等形式进行文案宣传。

优秀的文案对活动宣传上的帮助不仅体现在可以将活动信息精准地传送给受众，还能为活动吸引受众。要做到这一点可以从 3 个方面努力，具体内容如下。

(1) 精准传递活动信息。

活动的宣传文案一定要能精准地向受众传递活动的详情信息，最基本的有 3 点，即活动的具体地点、日期和时间。有了这 3 点基本信息，受众第一时间就能将其与自己的预订日程进行对比，考虑自己是否参加活动，有意向参加的受众也能根据这些信息调整自己的行程。

此外，如果可以的话，最好在活动的宣传文案中对活动的内容进行简要说明，将活动的要求和规则列出来。

(2) 紧扣活动主题。

活动的宣传文案，其主要内容通常是一句活动口号和简短的标语。当然，也有部分活动喜欢采用较长、较详细的文案来宣传。然而不管是长文案还是短文案，都要突出活动的主题，主题需要做到紧扣活动。

只有主题明确的活动宣传文案，才能对活动的宣传工作发挥实质性的作用。如果宣传文案的内容没有紧扣主题，那会导致受众接收活动信息受阻，甚至根本不明白活动是什么以及要干什么。活动主题没有得到宣传文案的充分展示，接受宣传的受众无法定位活动，也就不清楚自己是否有参加活动的必要。而这一系列的因果联系最终就会导致活动人流量大减，宣传工作彻底失败。

(3) 创意性文字。

活动宣传文案的文字内容也是需要重视的一点。活动宣传文案能为活动吸引受众，基本上借助的就是创意新奇的文字。并且优秀的文字内容还可以引发受众的想象，传达出活动的内涵精神，甚至让受众自发地宣传活动信息。

一般来说，创意性文字具有 3 大特点，对活动宣传具有巨大的推动作用，如图 1-9 所示。

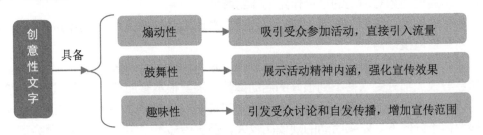

图 1-9　创意性文字作用的相关分析

2．提供新鲜创造力，为活动创新

创意在当下互联网风行的社会中是一种"紧俏品"，有创意、有新意的信息才能在海量的信息中得到更多人的关注，也更容易实现自身的目标价值，所以如今各个行业都在积极寻求创新。

活动策划中也出现了一些新鲜的活动类型，比如网络上流行的团购活动，催生了大量的团购网站。又如现实生活中时常出现的快闪活动，本为向大众宣传公益环保理念，也被开发出了商业用途。

但活动策划毕竟是一个需要实践验证的工作，对活动整体的形式作出创新还比较困难，况且在以营利为核心目标的商业活动策划中，也会尽量避免使用没有得到实践充分验证效益的新鲜活动类型。

此时文案对活动策划的又一大帮助可以得到充分发挥——文案除了宣传外的另一大功能就是包装，若难以在形式上创新，则可以在包装上创新。

文案对活动的包装创新一般体现在对活动口号的创新，富有创意的活动口号总能让你的活动比同类型的活动更加"新鲜"。

3．提早调研大市场，为活动铺路

活动在选定了地点和时间后，通常还要对场地进行考察，尤其是商业促销活动，需要知道人流的主要方向，人群容易聚集的时间段等信息。但是商业促销活动的策划过程中却经常跳过这些步骤。这是因为举办活动的商家基本上已经在此进行过许多次商业活动，充分调研过市场，对于那些问题已经基本了解。而这些，通常会以各种文案的形式送到活动策划者手上。

这些文案通常有 4 种类型，下面将对这 4 种类型文案对活动策划的帮助进行具体分析和说明。

(1) 市场开发型文案。

从企业的角度出发，针对不同的市场，采用的开拓策略也不尽相同。在市场开发文案中，根据及时进行的市场调查，可以持续地搜集反馈信息和使用情况，及时调整营销策略。在市场开发型文案中，创作重点主要应集中于选择准备进入的市场以及相关的后期安排。可以说，市场开发型文案提供了对市场规模和竞争状况的调研资料，活动策划者可以依据这些信息对活动的规模进行评估，对活动的形式进行选择。

(2) 营销分析型文案。

营销分析型文案根据要求的不同，在实践中体现的内容重点也有不同。从目标上而言，主要是提高企业营销资源的利用率，使企业资源能得到最大化效益，具体实施在于针对目标市场制订经营策略。在营销分析型文案中，重点主要集中于 3 个方面，分别是选定目标市场、制订营销策略以及注意相关问题，具体分析如图 1-10 所示。

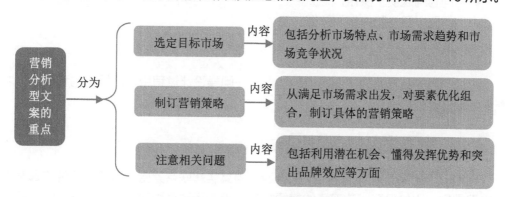

图 1-10 营销分析型文案的重点分析

营销分析型文案提供了对营销资源和市场利益的调研资料，活动策划者可以依据这些信息对活动的营利目标进行考量，对活动的营利方式进行规划。

(3) 客户分析型文案。

客户分析要发现的问题主要是对客户消费能力的分析和对产品质量的反馈等。从目标受众而言，与客户相关的主要有 6 个方面的内容，具体包括对产品的偏好、购买频率提高的可能、影响他人的可能、对其他品牌的态度、对本产品的态度和未满足的相关需求。在客户分析型文案中，重点主要集中于 3 个方面，分别是市场需求、受众分析和潜在受众分析，如图 1-11 所示。

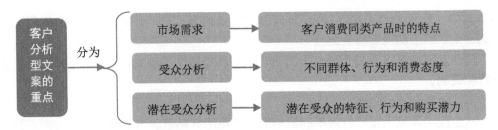

图1-11 客户分析型文案的重点分析

客户分析型文案提供了对客户类型和消费行为的分析调研资料,活动策划者可以根据这些信息对活动目标受众进行定位,在活动内容中添加受众可能感兴趣的相关环节。

(4) 调研问卷型文案。

在调研问卷型文案中,根据不同行业和调查方向的不同,问卷设计在形式和内容上也有所区别。关于调研问卷本身,一般需要注意以下几个方面。

- 问卷设计规范、合理;
- 问卷问题便于操作;
- 问题以目标和内容为依据;
- 前言部分提及相关信息;
- 避免使用专业术语。

设计问卷的目标是为了搜集市场信息,在问卷设计过程中,把握目的和要求,才能更好地获得有效信息。

1.2.2 文案活动,紧密连接

文案和活动看似是两个不相干的东西,但其实却联系紧密,有活动的地方通常都会出现文案,比如促销活动现场的横幅标语、电商活动页面的宣传性文字,这些都是文案。

在活动的策划过程中,文案必定贯穿活动始终。文案和活动的紧密联系主要体现在3个方面,具体分析如下。

1. 文案是活动开展的先行

文案是活动开展的先行,文案与活动的前期准备工作联系密切,文案以多种形式参与到活动的前期准备工作中,最有代表性的就是前期的宣传和活动的策划书。下面就以最具代表性的前期文案工作为例,分析文案与活动前期工作的紧密联系。

(1) 前期宣传。

活动举行前的宣传工作十分重要,这能让活动在开始之前就聚集一定的人气,为活动的成功举行打下基础。而活动前期宣传作用的大小，与文案有着密不可分的关系。

如图 1-12 所示是某瓷砖店双十一活动的前期宣传文案。它不仅详细列出了活动的时间、地点、部分产品的特价和活动的规则，还巧妙地运用一句广告语"幸福双十一，欢乐购物季"来吸引感兴趣的受众关注，充分发挥了文案在前期宣传工作中的积极作用。

图 1-12　某瓷砖店双十一活动宣传单

(2) 活动策划书。

活动策划书也是活动前期准备工作中的重要一环，活动策划书的主要作用有 3 点，具体分析如下。

① 向委托方展示活动具体安排。让委托方知道活动的安排布局十分重要，委托方了解活动策划者要干什么，准备怎么干，知道策划的活动是可以实现和科学可行的，才会信任活动策划者及其团队。这份信任正是活动策划能够顺利进行的基础，文案与这份信任的建立和维护有着十分密切的联系。

② 帮助策划者理清策划思路。活动策划的活动步骤要有序合理，活动策划书可以直观地表现活动内容与活动流程的科学合理性，帮助活动策划者理清策划思路，及时修正策划内容中不科学和不符合活动目的的部分与环节。

③ 让策划团队了解策划者意图。活动策划团队是辅助活动策划者进行活动策划

的人群，活动策划书可以帮助他们理解活动策划者的意图，方便他们对活动策划者进行更到位的辅助。同时，理解了活动策划者的策划意图，也有助于活动策划团队成员之间的相互配合和默契的培养。

2．文案是活动进行的助力者

文案与活动的进行也有着密切的关联。在活动现场，相关的文案内容随处可见，活动现场的指示牌、标语口号、广告文字等，都是文案内容。

活动现场的文案内容有助于活动的顺利进行，常见的活动现场的文案有3种，下面就以最常见的活动进行期间的文案作用为例，分析文案与活动进行期间的紧密联系。

(1) 活动标语。

活动标语是活动现场最为常见的文案内容。无论是何种规模的活动，活动标语一定要出现在活动现场。活动标语与活动的联系主要有两点，具体分析如下。

① 活动标志。活动标语在活动中最为重要的作用也是最为直接的作用，就是表明活动正在进行，活动标语是普通受众判断商家是否在进行活动的最直观依据。如果你路过一家门店，店铺前既没有横幅标语，也没有口号宣传物品，那你怎么也不会想到这家门店正在进行活动。同样，如果你在某次活动之前就了解了活动时间和地点，但当你按时到达指定场地后却又没看到活动标语，你也会怀疑自己收到的信息是不是错误的。活动标语已经成为人们潜意识中活动在进行的标志了。

② 吸引路人。活动标语同时还是活动现场人们了解活动的第一个窗口。活动标语可以第一时间向受众展示活动的主题、方向、形式等内容，为受众提供一个快速了解活动的窗口。活动举行之前，宣传的活动标语基本上就是活动的宣传主题，这样可以让来到活动现场的受众快速进入角色。对于没有经过提前宣传的活动，活动标语的窗口作用就更加明显了。

(2) 现场指引。

活动现场的文案种类十分丰富，其中很多都是用于辅助活动现场工作者指引活动参与人群的工作，文案对活动有着辅助指引的作用。文案对活动现场的指引主要体现在3个方面，具体分析如下。

① 辅助维护秩序。活动现场人员众多，只有全场秩序稳定，活动才可以顺利进行下去，虽然活动现场通常都会有专门维护秩序的工作人员，但与参加活动的人员来比较，他们的数量还是太少了，所以这时候就需要文案内容来辅助他们维持秩序了。

② 警示告诫参与者。活动现场一般都会有保证多数参与者良好活动体验的要求规定，或是特殊活动的特别规定，比如活动现场禁止吸烟、拍照等。虽然观众进场时接待人员通常会作说明，但难免会有一些活动参与者不自觉地违反规定，所以活动现场要有一些警示性的文案内容，以提醒活动参与者不要违反活动规定。

③ 指示引导人群。大型或综合型的活动现场场地大、展位多、人员复杂，对活动现场不熟悉的参与者很容易在活动现场迷失方向，不能正常进行活动，那活动的收益也会受损。所以为了活动参与者的良好体验及避免活动收益的不必要损失，活动现场的文案一般都会有很多的指示引导内容，如"奖品领取处""乘车区"等。

(3) 内容说明。

对活动内容的说明是文案和活动的又一大联系。活动进行时，活动现场的工作人员，比如活动的主持人通常会对活动的具体信息作出说明，例如介绍活动的流程、说明活动的规则等。

但是活动工作人员也不能随时都能向活动的参与者提供活动信息的讲解，一是他们除了自己工作环节上的内容外，对整个活动的信息也并不是十分了解；二是他们还有自己的工作任务，不能一直接待活动参与者。

虽然有的活动会组织专门负责接待的团队，但接待团队的接待能力毕竟还是有限的。对于参与者众多的活动，接待团队也不可能服务到每一个人。所以此时就需要提供给参与者自主了解活动信息的途径了，这个途径通常是活动现场的文案内容，如图 1-13 所示。

图 1-13 展示活动内容的文案

3. 文案是活动尾声的宣告者

一般来说，活动不能没来由地开始，也不能不明不白地结束。既然活动的开始离不开文案的帮助，那活动的结束又怎么能少得了文案呢？文案既标志着活动的开始，也可宣告活动的结束，如晚会活动结束时的谢幕词、促销活动中的"最后一天"等，都是活动尾声时的文案内容。文案与活动的收尾联系程度相当高，几乎所有类型的活动都有各自相应的结束收尾文案。下面就以 3 种不同类型活动的相关结束收尾文案为例，分析文案与活动收尾工作的相关联系，如图 1-14 所示。

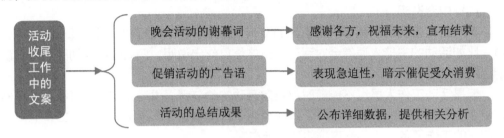

图 1-14 活动收尾工作中的文案

1.3 网络优势，发展活动

18 世纪中期，人类开始第一次科技革命，进入了蒸汽时代；19 世纪中叶，人类开始了第二次科技革命，进入了电气时代；20 世纪中段，人类开始了第三次科技革命，进入了信息化时代。今天，随着互联网技术的不断发展，活动策划也将迎来一场革命。

1.3.1 线上活动，提供便利

网络是当今社会的一个重要组成部分，它似乎在改变一切，如出行方式、沟通方式、支付方式等。当然，这其中也包括活动策划——网络为活动策划提供了许多便利，主要表现在 6 个方面，具体分析如下。

1. 小窗口大平台

据中国互联网信息中心发布的《第 44 次中国互联网络发展状况统计报告》显示，截至 2019 年 8 月，中国网民规模达 8.54 亿，手机网民规模达 8.17 亿。另据研究机构 We Are Social 和 Hootsuite 发布的 2019 年数字报告显示，全球网民数量已突破 43 亿。这个庞大的群体还在继续增长，并且会随着信息技术的发展和互联网的进一步普及，增长得越来越快。

从上述信息可以看出，互联网的普及率已经非常高，每一个电脑屏幕或手机屏幕后都可能连接着千千万万互联网用户，而这千千万万的互联网用户都可能成为活动的受众。

网络不仅为活动带来了大量的受众，还提供了众多聚集受众的社交媒体平台，许多互联网用户每天都会花一定的时间活跃在这些社交媒体平台上。

2．大活动小团队

互联网提供的多种多样的便捷服务改变了人们的日常生活方式，也改变了活动策划人员的组织方式。这种改变主要体现在两个方面，具体分析如下。

（1）执行能力。

随着智能化技术的不断发展与应用，许多基本、单一的工作都已经用机器或程序代替人来完成，如工厂车间的自动化生产流水线，物流仓库的智能化管理系统等。这些生产单位在使用了智能化技术后，最直接的改变就是工作人员有了明显的减少，效率有了明显的提高。

智能化技术本来就是从网络科技中发展出的技术，其与互联网的结合自然也最为容易和高效，因此活动策划的许多工作可以由程序代为完成。这就直接使活动策划团队的工作执行变得简单，执行能力得到加强。

例如，在微博平台有"发起投票""模拟问卷""抽奖竞猜"等小功能。这些功能大大方便了活动策划工作的筹备，如图 1-15 所示。线上的投票统计活动的开展变得十分简单，活动的前期调研工作变得容易，这样在活动策划工作进行时，从事相关环节工作的人员就能更快更好地完成工作了。

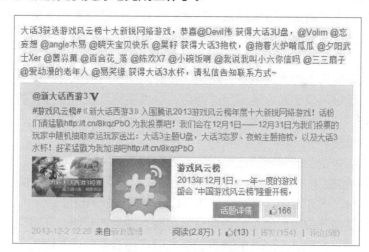

图 1-15　微博投票活动

（2）策划水平。

从事基础工作的人员被程序或 AI 人工智能设施代替后，活动策划团队留下的人员都从事无法被替代的工作，或者说在短时间内无法被代替的工作，这样互联网将对活动策划团队的人员组织结构产生巨大影响。因此，活动策划团队中容易留下 3 种类型的人，即独特技术人员、策划工作主脑和综合素质强的人员。

这些容易被留下的人员往往是活动策划团队的核心人物，他们要竞争的对象一般不是团队内的其他成员，而是其他活动策划团队。在活动执行能力被强大的互联网技术提升到差不多的层面时，活动策划需要竞争的就是策划水平上的高低了。

在互联网环境中，活动策划团队的竞争必然会导致活动策划团队整体更加精简，素质更加优秀，活动的策划水平也会越来越高。因此，训练有素的小团队也可以进行大规模活动的策划工作。

3．小规模大营销

互联网营销是当今行业内的一个热词。互联网营销指的是利用数字化的信息和网络媒体的交互性来辅助营销目标实现的一种新型的市场营销方式。简单地说，互联网营销就是以互联网为主要手段进行的为达到一定营销目的的营销活动。

如今各行各业都在利用互联网提供的便捷强大的功能进行着互联网营销，活动营销也可以借助互联网的强大功能实现自身的营销目标，扩大营销成果。互联网为活动营销提供的便捷之处主要表现在3个方面，具体分析如下。

（1）降低成本。

互联网营销能大幅降低企业产品的销售成本和上市价格，为其节省巨额的促销和流通费用。因此，众多企业开始进驻互联网营销领域。互联网营销得到了大量新鲜资本的注入，自然也开始变得活跃起来，其活动也开始日益成熟和丰富。后入驻的企业因为有了丰富的互联网营销经验作为参考借鉴，其在互联网营销活动的探索成本自然也能降低。

并且在互联网购物的大环境下，网购消费者倾向于价格低、品种全的商品，而互联网营销活动正好可以比较好地满足这两点，这也使得互联网上开展的营销活动易于被消费者接受。

（2）提供渠道。

互联网还可为企业的营销活动提供丰富的营销宣传平台，企业可以通过互联网上的社交媒体平台或门户网站投放营销广告。互联网还可以为企业提供便捷的销售渠道，如电商平台、微商平台，甚至企业还可以定制自己的App。

这些销售渠道不仅可以使企业快速直接得到消费者的反馈，还可绕过中间商，减少产品流通环节。产品流通环节的减少就意味着产品流通的成本降低，企业能够快速直接地得到消费者的反馈，也能直接向消费者宣传品牌价值，扩大营销效果。

（3）满足个性需求。

面对消费者多样的个性化需求，营销活动也要提供多样的个性化服务，这样才更容易向消费者传递品牌价值和吸引消费者消费。凭借互联网强大的功能，互联网营销活动正好可以满足消费者多样化的需求。

4. 低成本高效益

互联网不仅方便了活动的进行，还降低了活动的举办成本。互联网对活动策划成本的影响主要表现在 3 个方面，如图 1-16 所示。

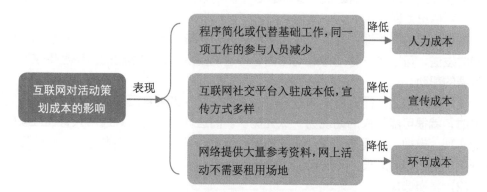

图 1-16　互联网对活动策划成本的影响

成本降低，收益就会相对提高，这是经济学中的一个基本原则，但互联网对活动效益的提高不仅仅只是在降低成本方面，还可以从其他多个方面实现活动效益的提高，具体分析如图 1-17 所示。

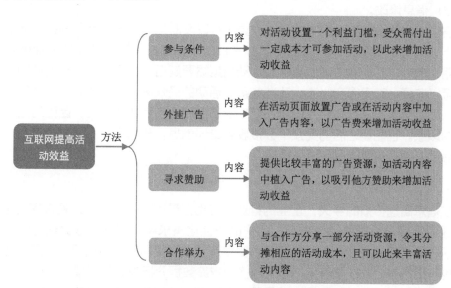

图 1-17　用互联网提高活动收益的方法分析

5. 快宣传大影响

互联网对宣传推广产生了巨大的影响，网络可以让信息跨时间和跨空间传播，大大加快了宣传推广的传播速度。活动宣传是否到位是决定活动成功的先决条件，对活动来说至关重要，活动信息一定要快速及时并且准确无误地传达到受众的手中，因此活动策划者进行前期宣传工作时一定要充分利用互联网提供的帮助。

下面介绍互联网对活动快速宣传的 3 个影响方面。

(1) 信息发送。

信息传递的即时性一直是互联网平台相较于传统平台的一大优势，互联网对信息的即时发送，可以第一时间将活动的信息传递给受众，这对活动的前期宣传来说是十分重要的帮助。

同时，活动宣传需要反复向受众展示活动信息，当受众反复接收到某一活动宣传信息时，就很可能想去活动现场一探究竟了。而这样的宣传效果通常只有在互联网上才能实现，电视、广播是让观众被动地接收信息，不可能频繁地发送同一条信息，而报纸杂志更新周期太长，无法实现这种宣传效果。

(2) 渠道选择。

互联网不仅可以让活动信息第一时间被受众接收，还可以同时让活动信息被大量受众接收。互联网给活动的宣传提供了多种多样的宣传渠道，不同的渠道有不同的受众，活动的宣传信息可以同时在这些渠道中发布。这也就意味着活动可以同时对数量庞大的受众群体进行宣传工作，极大地扩大了活动的影响范围。

(3) 信息修改。

信息修改就是指互联网上信息修改更正可以及时生效，这是互联网提供给活动宣传的十分关键的便利帮助，虽然它不经常被使用，但在关键时刻却能发挥极为重要的作用。例如，万一发生突发事件，活动日期需要延后，在平台上发布的活动日期信息就可以在第一时间得到修改，让准备参加活动的受众第一时间知道活动举行日期延后，从而避免这些受众在原定的日期前来参加活动，最后却扑了空，因而对活动产生不好的印象。也能让之后的受众不会接收到错误信息，从而产生不必要的误会，避免了让活动主办方的信誉受到更大伤害。

6. 大数据精分析

在信息高速传播的今天，企业的行业环境也在迅速变化。传统经验快速过时，经验已成为阻碍正确决策的绊脚石，用户的个性化需求越发明显，数据信息也变得海量。这一切都驱使企业必须从依靠经验驱动运营发展转向依靠数据驱动发展，而活动策划也需要顺应企业发展趋势，越来越多地依靠数据分析去进行策划。

在信息时代，数据的作用十分重要，且不同行业也有不同类型的数据库。在变化迅速的互联网行业中，大数据的作用显得更加重要。

大数据的特点主要有 5 个，即海量、高速、多样、价值密度高和真实性。具有这 5 个特点的大数据对活动的作用是巨大的。下面就以电商促销活动为例，具体分析大数据对活动的帮助，如图 1-18 所示。

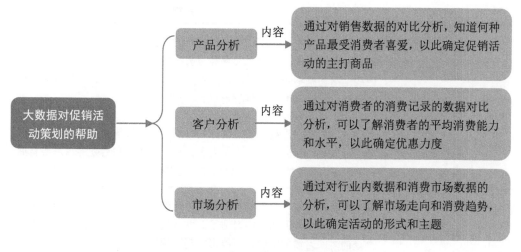

图 1-18　大数据对促销活动策划的帮助

1.3.2　网络优势，节约成本

活动一直是深受人们青睐的社会交流方式，随着时代的进步，活动也从最初的简单集会进化到现在的多种种类、多种方式。如今，借助网络的发展，活动进入了一个全新的领域，那就是暂时离开现实世界，将主场放到虚拟的网络世界中。

我们将这些主要在互联网上进行的活动统称为线上活动，一般的线上活动都具备与它们相对的主要在现实世界进行的线下活动所不具备的一些优势，具体如下。

1. 限制更少

线上活动凭借天然的优势使其相较于线下活动受到的限制更少。线上活动受到更少限制主要体现在 3 个方面，具体如表 1-1 所示。

表 1-1　线上活动更少受限的具体表现

方面		表现
环境限制	场地规模	可选择场地的大小直接影响了线下活动的规模，而线上活动就完全不必担心活动场地的问题，因为网络世界的承载量几乎是无限大的，活动主办方只需要预先向活动平台说明，预留一定的网络资源即可

续表

方面		表现
环境限制	天气状况	线下活动需要一个好天气以保障顺利进行，即便是在室内进行的活动，在面对台风、暴雨、大雪等恶劣的灾害性天气时也不得不中止。但线上活动就不受这种限制，因为网络世界中并没有天气的概念，也不用担心不良天气影响活动受众的参与率
	现场情况	活动现场的情况是线下活动关注的重点，由于现场人员复杂，包括活动引导人员、保洁人员、安保人员、幕后工作者和后勤等，需要有周密的现场安排才能保障活动顺利有序地进行
时间限制	时间习惯	在现代社会，每一个人都有自己个性化的时间分配，而线下活动也只能去迎合大多数人的时间习惯了。并且线下活动还要受活动场地附近群众的时间习惯的限制，不能影响到周围居民的正常生活工作。线上活动就不需要担心这些了，其可以不受时间限制
	持续时间	如果一个商场要举行一场为期两天的促销活动，那活动的总时间并不会是48小时，因为活动的工作者也需要休息，商场也不会投入这么多成本让活动持续48小时。而线上活动就不同，由于线上促销活动由平台程序托管，受众不必在一天之中刻意规划出时间来参加活动，活动期间随时都可以享受到活动的优惠
	即时参加	线上活动的自由度比线下活动高，参与者不需要依据统一的时间标准参加活动，而是可以随时参加、随时离开，这一点是线下活动目前不能实现的
技术限制	活动环节	线上活动的环节比线下活动的环节更丰富，更有表现力，因为相较于线下活动，线上活动的环节设置更简单，切换也更灵活
	资料留存	线下活动进行完之后活动场地要清场，如果不是特别重要的活动，活动资料也不会留存。但线上活动在进行完后活动资料还会以数据的形式留存，如果日后对活动有什么疑问，可以很方便地查询
	服务能力	线上活动因为有智能化程序的辅助，所以服务能力比线下活动更强。就以促销活动为例，线上促销活动的参与者就不需要像线下促销活动的参与者一样花费额外的时间成本去排队选购和排队付款

2. 传播更快

现今世界没有什么东西传播信息的速度能和网络一样快,更没有比网络传播速度更快的东西了。现在的互联网能有如此强大的信息传输能力,主要得益于两个方面的原因,一是通信技术发展让信息传播速度变快,二是计算机技术发展让信息处理能力增强,信息传播数量也随之增多。

线上活动相较于线下活动,信息传播速度更快主要表现在 3 个方面,即信息准备快、信息更新快和信息见效快。可见,在互联网上进行的线上活动具有发布活动信息速度上的绝佳优势。

首先,因为线上活动发布活动信息的准备环节比线下活动简单一些,前者包括页面截图、添加链接和点击发送等流程,而后者包括现场拍照、添加详情、上传媒体和发布信息等流程。

其次,线上活动相当于全程直播,受众可即时进入活动页面主动查看活动情况,更新活动信息。而线下活动只能让受众被动地接收活动信息,且很难做到即时发布。

最后,线上活动信息的转化生效速度也比线下活动快。因为线上活动在发布信息时可以添加活动地址的链接,所以受众在接收到活动信息后如果对活动产生兴趣,马上就可以通过地址链接进入活动页面参加活动。而线下活动的受众,如果不是在活动之前就准备好的话,一般都不会再去参加活动了。

3. 引流更易

基于互联网能突破地理空间限制和能综合多种表现形式这两大特点,网络世界有着现实世界无法比拟的引流优势。在这种情况下,基于网络平台的线上活动可依靠互联网的强大引流优势为自身吸引流量,扩大宣传效果,具体如图 1-19 所示。

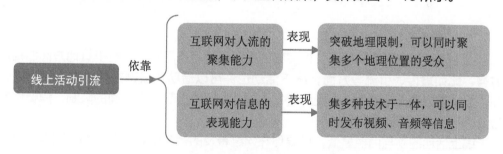

图 1-19 线上活动引流更快的表现

4. 影响更大

网络的普及让互联网的影响力更加难以估量,互联网上的信息不仅让人们乐于接受,同时也改变着人们的思考习惯和生活方式。互联网如此具有影响力主要是两方面的原因,即传播能力强和用户群体大。

基于网络平台的线上活动，其影响力也随着互联网影响力的扩张而得到加强，具体分析如下。

- 网络是线上活动的宣传主场，这样能方便活动信息扩散，形成影响力；
- 网络是线上活动的执行主场，这样能方便活动被讨论传播，持续影响。

5．收益更高

线上活动为企业带来的收益很丰厚，这一点我们从各种大型线上活动公布的成果数据中就不难看出。比如天猫"双十一"促销活动，其交易额达 2135 亿元(2018 年数据)，比一家线下的大型百货商场数年的销售额之和还要多。

线上活动之所以能有如此高的收益，主要有 3 个方面的原因。下面就以常见的线上促销活动为例，为大家具体分析，如图 1-20 所示。

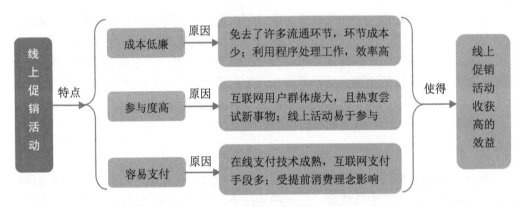

图 1-20　线上促销活动收益高的原因分析

6．门槛更低

线上活动与线下活动相比，最突出的相对优势就是门槛低。对于其他方面的相对劣势，比如宣传、引流等方面，线下活动也许可以借助互联网的帮助来进行一些弥补，但线下活动无可避免地会受到成本效益、地理位置等诸多方面的限制，消费者参与活动不及线上活动便利。

线上活动的参与门槛最低，只要你在网络普及的社会中有一台价格不高但可以正常上网的设备就可以了。

线上活动门槛可以设置得如此低，主要得益于两个方面的原因，具体分析如图 1-21 所示。

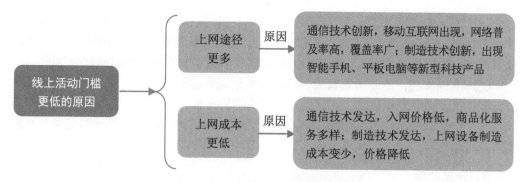

图1-21 线上活动门槛更低的原因

1.3.3 策划难题，规避风险

任何事物都有两面性，正如俗语所言："天上不会掉馅饼"，线上活动这块"大馅饼"需要我们弄干净后才可以放心食用。如今，活动策划者在策划线上活动时需要注意4个问题，具体内容如下。

1. 恶意竞争

各行各业的行业内竞争并不轻松，而互联网上的竞争则更为激烈。因为互联网的信息流通快速，今天你的创意活动模式取得了成功，明天就会在其他活动中流行；今天你推出的创意活动文案，明天就可能被人稍加改编拿去宣传，甚至以此攻击你。如淘宝推出的"双十一"促销活动成功后，互联网电商行业又出现了"双十二""618"等促销活动。

面对这个问题，活动策划者在策划线上活动时不能只追求新颖的形式和创意，还需注意活动核心内容的体现和结合，要将活动竞争力的烙印深深嵌入受众的印象中。因为活动的创意和形式易于被人借鉴和模仿，但活动内在的独特价值和竞争力却很难被撼动。

此外，在借鉴他人的成功经验时也不能一味模仿，要将自身的独特理念和竞争力融入其中。

2. 网络暴力

不管什么社会，都会有被压抑的一部分人，现代社会的年轻人面对学业、工作、住房等诸多压力，十分需要一个发泄窗口，这个窗口常常就是互联网。

有的人通过网络游戏缓解压力，有的人通过网络社交来调解情绪，还有的人则通过在网络中释放自己内心的暴力来表现不满，这种情况通常出现在电商评价页面和电商客服咨询页面，比如"心情不好给个差评"、无故投诉客服等情况，随着这种不良风气的蔓延，电商活动也经常受到网络暴力的影响。

例如，某电商推出了一个"整点下单免单、中间时间下单返现"的活动，本来旨在用易参与和易中奖的手段提高活动的参与度和店铺的美誉度，但因参与人数过多，许多在同一时段下单的顾客没有获得免单名额，以致引发不满，纷纷退款给差评。

面对这种情况，活动策划者应仔细考虑活动规则的制定，将可能出现的问题和争议降到最低，这样就可以减少引发参与者不满的导火索。

此外，还需安排好客服的接待咨询工作，让参与者的问题能在第一时间得到妥善解决，以提高他们对活动的满意度。

3．水军破坏

"网络水军"是经常能在网络中看到的一个词，它指的是受雇于网络公关公司，在网上配合某些利益行为而制造或引导舆论导向的网络人员。网络水军通常在网络营销中发挥着作用，配合营销造势。但同时在行业竞争中，网络水军也常常在暗中进行破坏活动，最常见的就是网络水军对线上活动进行破坏，这种情况常见于直播活动和社交媒体平台的活动。

水军对直播活动的破坏一般都是在弹幕互动环节出现，通过无意义弹幕的刷屏、发送具有攻击性的弹幕、挑起与活动主题无关的话题等方式引导弹幕内容走向，以此来破坏活动人员与参与者的交流，影响活动的正常进行。而对于社交媒体平台的活动，水军的破坏活动还有"爆吧""引战"等多种手段。

面对这种情况，活动方要利用好权限，对恶意破坏的水军及时禁言，同时正确引导受众讨论方向，阻止活动偏离主题。

此外，水军的破坏如果对活动造成了不良影响，还需做好公关工作，安抚正常参与者的情绪。

4．诚信危机

诚信危机这一问题主要出现在线上抽奖活动或者带有抽奖环节的线上活动中，一是因为线上活动很难直观地将抽奖过程直接展示给活动参与者，奖品的发放也无法直接让观众看到；二是线上抽奖活动中也时常会有黑幕被曝光，互联网用户对抽奖的信任度本来就不高。

例如，某知名国产手机品牌在微博上开展的关于最新款手机的抽奖活动就被人曝出黑幕，连续3次抽奖，中奖者居然都是同一人。最后该手机品牌官博因黑幕抽奖被微博官方禁言七天。

面对这种情况，活动策划者要尽量提高活动的透明度，最好选择具有一定公信力的线上抽奖平台，并且在联系中奖者时可以请其发布相关证实信息，帮助证实奖品已实实在在送到中奖者手中。

第 2 章

深入了解，具体工作

学前提示　企业在进行活动策划的过程中，千万不要毫无计划、凭感觉来策划活动，这样策划出来的活动有效性非常低。本章将讲解活动策划时的具体工作，让活动策划者在策划活动的过程中少走一些弯路。

要点展示
- ▶ 牢记要点，策划活动
- ▶ 确定方案，落实工作

2.1 牢记要点，策划活动

活动之所以需要策划，是为了让活动变得更有意义，能为企业实现更高的目标。活动从开展到结束，这个过程中的人员配备、活动地点、活动宣传等方面都需要一定的成本，若企业不进行一番好的策划就开展活动，那么很有可能造成活动成本增加但却活动效果不明显，到时企业真可谓"赔了夫人又折兵"。

因此，企业需要牢记活动策划的要点步骤，根据要点来进行活动的策划工作。下面就来了解活动策划的要点步骤。

2.1.1 明确目标，构思活动

策划活动前首先要明确活动的根本目标，如果活动目标不清楚就无法构思具体的活动步骤。在不清楚活动目标的情况下，只靠臆测贸然组织活动策划工作很可能让后续的工作难以进行。所以活动策划负责人在接手活动策划工作时一定要向委托人或者主办方了解清楚活动的根本目标，然后再进行后续工作。

活动的根本目标不同，活动的策划方式也不一样。如果根本目标是宣传品牌形象，活动地点又指定在人口密集的大城市，那就可以邀请明星举行盛大的文娱晚会，再联系一些知名媒体进行转播，以造成巨大的社会影响来宣传品牌。但因为现今明星综艺表演节目众多，许多品牌都选择了冠名赞助某些节目的方式来进行宣传，这也不失为一种好方法。

如果活动的根本目的是提升企业形象，那就可以由企业主导，进行一场公益活动，提升企业在社会大众心目中的形象，如图2-1所示。

图2-1　XX企业举办的公益活动

如果活动的根本目的不是宣传而是营利，那就可以以产品促销为中心，举办一场盛大的营销活动。因为营销活动的目的一般都是以营利为主，目的性太明确的活动对受众来说常常不太能接受，而企业为了能让效益可以达到最大化，选择在节假日进行活动是最好不过了。

如果活动的根本目的是既想宣传品牌，又想促销营利，那就可以考虑将活动搬到互联网上，利用网络的强大功能来实现降低成本、扩大宣传的目标，目前这方面做得最成功的非"双十一"购物狂欢节莫属了。

2.1.2 制定方案，有效指导

企业在进行活动策划之前，需要制定简单的活动总体方案，策划出一个大体的活动雏形，为后续工作提供有效指导。

一般来说，在活动总体方案中至少要列出 6 个事项，如下所示。

- 明确活动主题。
- 确定活动时间。
- 确定活动地点。
- 确定活动对象。
- 安排活动流程。
- 估算活动经费。

这 6 点中，被确定的活动对象一般是企业的忠实用户和潜在用户，所以活动的时间和地点要根据企业忠实用户的特点和需求来决定。

在进行活动策划之前，活动总体方案无须太过详细，不要花太多的时间在策划活动前的准备上，只需满足 3 个要求即可，具体如下。

- 简单、明了、易懂。
- 内容无须过多。
- 方案要素需全面。

2.1.3 估算费用，掌握去向

对于活动策划者来说，需要将活动的经费使用情况罗列清楚，只有这样才能把控好活动经费的支出，也能让企业管理者快速了解活动经费的去向，从而放心地将活动经费交给活动策划者。

活动策划者需要根据活动类型、活动项目、企业具体情况来制作真实、合理、详细的活动整体预算表，例如，需要为 XX 产品举办新品发布会活动，其整体预算如表 2-1 所示。

表 2-1 活动整体预算表

活动名称	××产品新品发布会			
活动主题	将××产品正式向外推广			
用途	项目	单价	数量	总价
前期推广	在××电视节目上投放广告	45000 元/天	7 天	315000 元
	制作传单	1 元/张	10000 张	10000 元
	制作邀请卡	2 元/张	100 张	200 元
场地租借	××酒店大厅	24000 元/天	1 天	24000 元
设备租借	椅子	5 元/把	200 把	1000 元
	摄影设备	3000 元/台	3 台	9000 元
	投影机	5000 元/个	1 个	5000 元
	桌子	10 元/张	10 张	100 元
	音响	400 元/个	4 个	1600 元
	话筒	5 元/个	4 个	20 元
食物(含饮用水)	水	48 元/箱	10 箱	480 元
发布会上的节目	礼仪小姐走秀	600 元/人	10 人	6000 元
	专业串场节目	1000 元/次	3 次	3000 元
临时雇用劳务费	签到人员	200 元/人	4 人	800 元
	摄影师	500 元/人	3 人	1500 元
	主持人	600 元/人	1 人	600 元
	保安	300 元/人	10 人	3000 元
	场地布置人员	400 元/人	15 人	6000 元
不可预计花费				10500 元
总计				397800 元

活动策划者在制作活动整体预算表时,需要遵循真实详细、凑整、不超过 10% 和具体分析这 4 个原则,具体分析如图 2-2 所示。

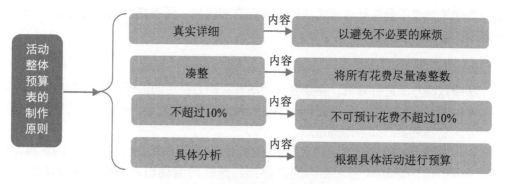

图 2-2　活动整体预算表的制作原则

2.1.4 保证活动，真实可行

活动策划者在完成初步构思的策划方案后，还要思考分析初步方案中设计的内容是否真实可行，光是预算通过还不行，还需要考虑到活动现场、人员、法规等多方面的因素。一般来说，确定一份活动策划是否真实可行，应该从 3 个方面进行分析，具体内容如下。

1. 可执行性

从可执行性方面进行分析要了解 4 点，分别是利益和危害之间的指数、成本与效益之间的指数、方式方法是否科学和内容是否合法。

活动具有效益也有风险，举办成功的活动可以带来效益，举办失败的活动不仅不能带来预期效益，还会让活动准备人员的努力白费。所以活动策划者在规划活动内容时要尽量把存在风险的因素规避，确保活动能够顺利成功地进行。

活动虽具有效益但也需要成本，活动策划者要把握好效益和成本之间的倾向关系，通常来说策划的活动效益都要大于成本，特别是促销活动，得到的效益如果不能远大于付出的成本，那就背离了活动的根本目标，活动也就没有举行的必要了。

2. 实际操作性

从实际操作性方面进行分析，需要考虑活动策划的运行能力这一主观条件和人力、物力等客观条件。

抛开运行能力不谈去聊活动策划无异于纸上谈兵，说得再好讲得再棒，可带不好兵、打不赢仗，又有什么用呢？所以活动策划者在策划活动时不要一味地追求充满创造性、新奇独特的活动方案，也要适当考虑主办方的运行能力。

人力、物力等客观条件，也是活动策划中要考虑的一点，没有人力、物力等客观条件支持的活动策划无异于画饼充饥，没有做饼的材料，饼画得再好看也只能饿着。

所以活动策划者不要有什么新想法就往策划方案里加，要考虑到现有的资源，应以整体活动的实现为本。

3. 绩效性

从绩效性方面进行分析，需要考虑活动营利能力和活动目标价值这两点。

- 活动营利能力：不管是什么活动，始终都需要回报，确保活动获得回报是活动策划者必须考虑的重点。
- 活动目标价值：对活动目标价值的论证也是活动策划者必须关注的重点，有价值的活动人们才会相信并参加，这样的活动也才值得投入成本去进行策划。

2.1.5 安排工作，严谨分配

制定活动工作安排表也是活动策划者所需要关注的问题，更是活动策划不可缺少的一环。活动策划者在进行工作安排时，需要细分工作表，严谨地将工作分配到合适的部门、合适的人，且制定好合理的、具体的完成时间。一般来说，活动工作安排表需要包括两个部分，即前期准备工作和当天工作安排。还是以举办 XX 产品新品发布会活动为例，其活动工作安排表，如表 2-2 所示。

表 2-2 活动工作安排表

活动名称	××产品新品发布会		
活动主题	将××产品正式向外推广		
活动开始时间	2020 年 6 月 17 日下午 13:30		
工作	分配部门	时间	日期
确定会场	人事部门	5 天	2020 年 4 月 15 日—2020 年 4 月 19 日
会场购买使用物料	采购部门	10 天	2020 年 4 月 22 日—2020 年 4 月 30 日
发送邀请函	人事部门	一星期	2020 年 5 月 5 日—2020 年 5 月 10 日
会场设计	设计部门	10 天	2020 年 4 月 22 日—2020 年 4 月 30 日
会场布置	设计部门	三星期	2020 年 5 月 5 日—2020 年 5 月 24 日
检查会场	审检部门	三星期	2020 年 5 月 27 日—2020 年 6 月 17 日 12 点
临时雇用人员	人事部门	两星期	2020 年 5 月 20 日—2020 年 5 月 31 日
宣传广告	产品宣传部	一星期	2020 年 6 月 10 日—2020 年 6 月 14 日

2.1.6 确定流程，罗列重点

在活动策划中，活动具体流程表也是一个重点，活动策划者需要将活动当天的流程安排到位，将它们一一列举出来，让领导、操作人员知道活动大概的整体流程，这样活动才会更加严谨，更容易获得成功。

依然以 XX 新品发布会为例，来大致了解活动具体流程表，如表 2-3 所示。

表 2-3 活动具体流程表

活动名称	××产品新品发布会	
活动主题	将××产品正式向外推广	
活动开始时间	2020 年 6 月 17 日下午 13:30	
流程	时间	具体描述
签到	2020 年 6 月 17 日 13:30—2020 年 6 月 17 日 14:00 点	记录参会媒体
主持人开场白	2020 年 6 月 17 日 14:10	主持人上台+轻音乐
节目表演	2020 年 6 月 17 日 14:20	小型音乐会
介绍产品	2020 年 6 月 17 日 14:45—15:15	介绍新产品的性能、生产背景等内容
主持人谢幕	2020 年 6 月 17 日 15:20	主持人致感谢词及总结
发布会结束	2020 年 6 月 17 日 15:30	发布会全部结束

2.1.7 应对变故，启用备案

活动策划出来的总方案至少是在活动开展前的 1 个月制定完成，由于无法预测活动当天会发生的事情，所以活动策划者需要制定一份备用活动紧急方案，以便应对突发情况带来的难题。

一般来说，活动的紧急备用方案与活动总方案大致相同，只是前者在活动总方案的基础上，增加了一些活动中可能出现的不可控的因素以及应对措施。

例如，总方案的活动场地是在室外，活动当天可能会下雨，则可在备份方案中将活动场地改成室内或者在室外加一个雨棚，抑或是准备一些简易的雨衣、雨伞；在活动当天有可能遇到情绪比较激烈的受众，需要有应对的准备，或者聘用保安维护现场秩序等，如图2-3所示。

图2-3　某活动现场的安保维护

2.2　确定方案，落实工作

有一些初出茅庐的活动策划者，在进行活动策划工作时会遇到各种大大小小的问题，随着问题的积累，容易使信心受到打击，甚至出现了自我贬低的情况，这样是非常不可取的。因此在活动开展之前需要先确定好具体方案，再进一步落实。

2.2.1　确定主题，围绕核心

活动策划者在进行活动策划工作时，需要明确一个核心主题，并围绕此主题展开活动策划，以目标为导向开展活动。一般来说，活动主题在以下3点的基础上才能得以确定，分别是以企业实际情况出发、根据市场发展状况进行确定以及是目标受众所需要的内容。

2.2.2　择定类型，实现精准

所谓精准针对性原则是指活动策划者在进行活动策划的过程中，需要明确内容策划方向、策划定位以及具体目的，根据这些因素进行精准的、有针对性的策划，这样策划出来的活动才更具有可操作性，才能更好地选择活动类型。

一般来说，活动策划者在进行活动策划工作的过程中，针对3个因素即可实现精准针对性原则，如图2-4所示。

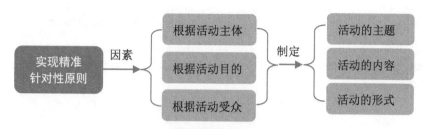

图2-4 实现精准针对性原则的因素

2.2.3 宣传造势，号召受众

活动策划者不是单单将活动策划方案拟好就完成任务了，还需要考虑活动宣传这一环节。一个好的活动策划，还需要有一个好的活动宣传，来"号召"受众才有用。不然会出现"空有一身好本领，却无用武之地"的状况。由此，活动策划的原则中才会有把握宣传性原则的出现。活动策划者可以从3个方面来进行活动宣传的把握，如图2-5所示。

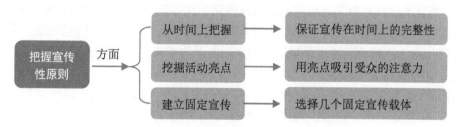

图2-5 实现把握宣传性原则的3个方面

2.2.4 活动签到，增加效果

说到活动的签到，随着社会的发展和科学技术的发展，签到的方式也发生了变化。根据签到载体的不同，活动签到主要有3种方式，即手写签到、电子签到和创意互动签到，下面分别进行介绍。

(1) 手写签到。

这种签到方式是历史久远且用得最多的简单直接的签到方式。一般而言，手写签到主要是提供签到本或签到摆件(如地球仪、酒瓶等)来进行签到。然而考虑到签到姿势、照片效果以及宣传效果，一些大型的线下活动选择了签到墙来进行签到。使用签到墙进行签到，相对于传统的签到本来说，有着一定优势，具体如图2-6所示。

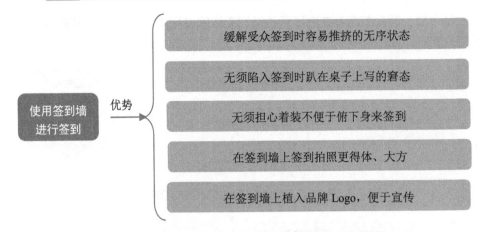

图 2-6 使用签到墙签到相较于传统签到本签到的优势

(2) 电子签到。

电子签到是一种基于计算机技术、通信技术、身份识别技术和多媒体互动技术开发出的签到方式。相对于手写签到方式,电子签到显然更智能。当然,这种更具智能性的签到方式,其形式也比较多样化,且玩法在不断增加。其中,比较常见的是刷身份证签到、二维码签到、手机验证码签到等。

一些活动举办方为了增加活动的趣味性和活动签到的便利性,也推出了其他的电子签到方式,如刷脸签到,这是一种利用人脸识别技术来完成签到的玩法。另外,AR 签到、3D 签到等玩法也是基于新技术而出现的富有趣味性的签到玩法。

(3) 创意互动签到。

相对于手写签到和电子签到而言,创意互动签到,顾名思义,其特点就表现在"创意""互动"两个方面,具体分析如图 2-7 所示。

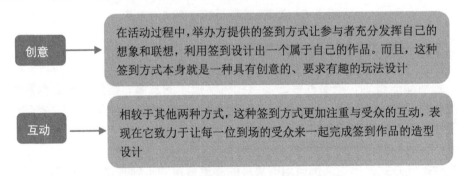

图 2-7 创意互动签到方式的两个特点分析

关于创意互动签到方,具体的玩法有拍照签到、指纹签到、贴纸签到、点灯签到、唇印签到、拼图签到等。

例如，如图 2-8 所示为 XX 活动现场的画像签到造型展示，独家创意的签到方式让活动开场就让人感到特别新奇。

图 2-8　XX 活动现场的画像签到造型展示

2.2.5　人员发言，介绍内容

在每一场活动中，关键人员的发言是活动中的精髓，因为一场活动的成功除了离不开一个好的策划方案之外，还离不开活动中的发言者。下面从几个方面了解有关关键人员发言的详细内容，具体分析如下。

- 主持人发言：开场白及介绍活动相关流程。
- 举办方发言：说明活动目的及主题核心内容。
- 参与者发言：对活动作出评价。

2.2.6　了解受众，规划节目

大大小小的活动有很多种，而活动中所呈现的节目也是千篇一律，因此要想举办好一场完美的活动，选择一些好的节目至关重要：首先可以对受众进行调研，了解受众喜欢什么样的节目，再根据受众的喜好制订计划。

娱乐节目需要制订一个详细的计划表，内容中尽可能详细地包括所有相关事情。对于安排好的节目，活动策划者要清楚了解每一个节目的表演内容。

例如，某公司的宣传活动上邀请了一名魔术师来表演节目，而这个活动的策划者没有见过这位魔术师的表演，在活动开始前，活动策划者在进行场地检查时发现一些类似刀具的铁制用器等危险物品堆放在角落里，他马上吩咐工作人员将这些东西清理掉。而在活动开始后，魔术师准备上场时却发现自己的道具不见了，节目演出只能推迟。而推迟节目带来的影响是让原本满怀期待来参加活动的受众大失所望，这样不仅没有给活动带来好的宣传效果，反而造成了不好的影响。

活动策划者还需为节目制定严格的规章制度，确保每一个表演者都能执行到位，并且每一个节目都要有具体的时间和地点规划。

2.2.7 根据特点，介绍产品

产品是指提供给市场且能让消费者使用的东西，它包括物质产品、理念产品、服务产品或它们的组合。消费者可以从市场上购买自己所需的产品，商家就可以靠卖产品来营利。如果想要获得更多的营利，产品就必须满足消费者的更多需求。

每家企业都有自己的产品，商家只有通过活动宣传的方式才能更好地将自己的产品推出去，那么在活动中应该如何对自己的产品进行介绍呢？因为不同的公司产品也不同，所以需要根据产品的用途、特点、功能等来进行相关介绍。

例如，如图 2-9 所示，这是某公司的手机新品发布会活动，在活动现场介绍该手机的功能及特点，并在演示过程中对产品的特点功能进行介绍。

图 2-9 某公司的手机新品发布会活动

很多时候，还要根据产品自身的特点用不同的方式介绍。如食品类的可以从制作方面进行介绍，理念类的像课程可以现场体验等，如图 2-10 所示。

图 2-10　某品牌食品的现场试吃活动

2.2.8　总结活动，答谢来宾

活动主持人最后一次上台发言意味着活动已经接近尾声了，所以这一次发言也不容马虎，可以对活动的整体进行总结，对参与活动的来宾表达谢意。如图 2-11 所示是某公司产品的宣传活动上主持人对来宾发表感谢致辞。

图 2-11　主持人在活动结束时对来宾致感谢词

2.2.9　活动落幕，完善收尾

活动结束后并不代表所有的工作都已经完成了，还需要进行一些收尾工作，如清理场地、打扫卫生等。如图 2-12 所示，工作人员在活动结束后清理场地。

图 2-12　工作人员在活动结束后清理场地

收尾工作完成才能代表整场活动已经完美落幕，有始有终也是活动中的一大要点，要保证每一步都实行到位，所以即使到最后也不能忽视收尾工作。

2.2.10　记录工作，开展议会

最后一位客人的离开，代表活动已经结束，但这并不代表着活动圆满地结束了。相反，在这一刻活动策划者需要了解整场活动是否已按活动计划开展，或许在活动中有一些突发事故，所以此刻需要做的是总结经验，面对活动中发生的意外总结当时是怎样进行有效处理的，并将观察和体会记录下来。

另外，除了要收集来宾的感受评价外，一般来说，活动组织者还会召集相关人员对活动进行总结。这样的召集活动可大可小，当然，场地和性质也可以不同——既可以是类似于庆功会的晚会，也可以是全程发言式的会议，如图 2-13 所示。

图 2-13　某企业公司在活动后开展全程发言式会议

第 3 章

深度分析，主体思路

学前提示　　如今，活动策划在企业中的作用越来越重要，但如果要做好一个活动策划，那么就必须知道活动策划的具体要求包括哪些，比如要遵守哪些原则、哪些规则等。本章将介绍活动策划的要求，相信一定能对大家有所帮助。

要点展示
- ▶ 做好策划，遵守原则
- ▶ 了解实战，总结心得

3.1 做好策划，遵守原则

活动策划者在进行活动策划工作时，一定要以可进行操作原则为基础，以活动策划的 6 大原则为准则，这样才能策划出一个好的活动。

3.1.1 分析特点，能否实操

可进行操作原则，指的是活动策划者所策划出来的活动方案必须具有 6 种特点，其中包括从实际出发、从真实出发、从科学出发、可操作性强、具有前瞻性和具有吸引力。

一般来说，确定一份活动策划是否具有可进行操作原则，应该从 3 个方面进行分析，如图 3-1 所示。

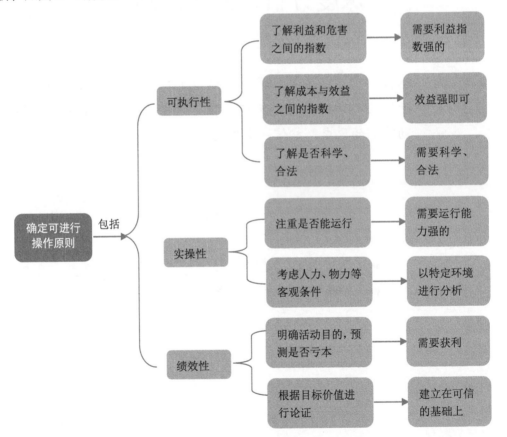

图 3-1 确定可进行操作原则的 3 个方面

3.1.2 嵌入新意，大胆创新

如今，企业利用活动进行营销已经是一种司空见惯的手段。因此，活动策划者需要遵循创新性原则，在活动中嵌入一些能让人们感到新意十足的内容，这样可以大大地增加活动对人们的吸引力。体现创新性原则要从"科学实践，求真务实"的基础上出发，重点体现 3 大特点，即可行性强、实用性强和新颖性强。同时，遵循创新性原则还需注意以下 3 个事项，如图 3-2 所示。

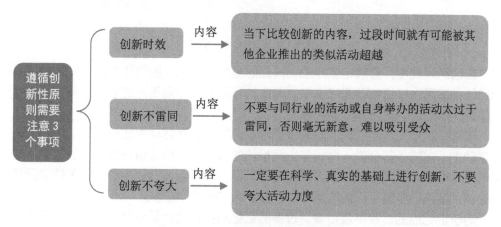

图 3-2　遵循创新性原则的注意事项

3.1.3 积极参与，聚集人气

所谓积极参与性原则，是指活动策划者在进行活动策划的过程中，需要将强参与性嵌入到活动中，让受众积极参与到活动中，这样既能调动受众的情绪、聚焦人气，又能拉近受众与企业品牌之间的距离。那么，如何策划出一个遵循积极参与性原则的活动策划呢？可以采用以下 3 种方法：

- 在活动中嵌入互动游戏。
- 向受众提供奖励值的奖品。
- 从消费者情感入手制定活动。

若活动只是顺利、圆满地完成了，还算不上是成功的活动策划，只能说是合格的活动策划。如果活动还能给参与者一个良好的体验，并且能获得多数参与者较好的评价，那么才可以说这个活动策划让人比较满意。但成功的活动策划还远远不止这些，成功的活动策划不仅要顺利圆满地完成和得到受众的好评，还要让受众记住，并在活动结束后依然能产生持续性的影响。

要想让受众记住活动，就要营造活动的记忆点。营造记忆点时需注意以下两点：

- 被动记忆源自心理共鸣。

- 营造的记忆点不要超过 3 个。

人的记忆包括主动记忆和被动记忆两个部分，如图 3-3 所示。

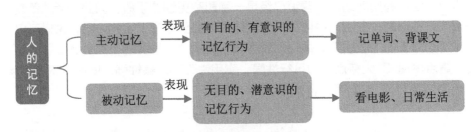

图 3-3 记忆的相关分析

在活动策划中，营造记忆点主要关注的是被动记忆，因为正常的受众来参加活动的目的并不是为了将活动记忆下来。而人的被动记忆源自于人的心理共鸣，所以心理共鸣是受众活动记忆点的重要来源。

其实，利用受众的心理共鸣来营造活动记忆点，在活动中比较常见。例如，在晚会活动上，主持人都会说一两段与主题相关的煽情话，或者讲一段感人的故事，节目中也通常会有一个能引起观众情感波动的节目。而在电视节目中也常利用被动记忆源自心理共鸣这一原理，比如选秀节目中选手的"比惨"环节。

对于记忆点的设置不应过多，过多的记忆点往往会让受众产生混乱，反而失去它应有的作用。一般来说，在一场在正常时间范围内的活动中，记忆点可以设置为 2~3 个。它们可以穿插在活动的起始、高潮、尾声 3 个部分之间，这样可以对活动内容起到承上启下的作用。

3.1.4 借助时事，学会造势

所谓"草船借箭"原则，是指借助热点时事为核心，作为策划活动的思路。活动策划者可以从 3 个方面实现"草船借箭"原则，具体分析如下所示。

- 借公众大势：指的是借助国家大事，例如公益项目。
- 借助优势：这里指的是借助自己的优势，例如小米的社群精神。
- 借助热点时事：指的是娱乐方面的热点，例如热门综艺节目上的撕名牌。

3.1.5 吻合主题，营造氛围

所谓的吻合主题性原则，是指策划出来的活动需要与主题吻合，千万不要脱离了主题范围，不然策划出来的活动毫无意义。除此之外，活动中的所有节目气氛都需要与设定主题相符，不然很容易脱离主题。

例如，举办一场新产品发布会活动，若在活动中加入太过搞笑的节目，则与主题气氛不相符合,很容易偏离主题,届时受众可能只会记住搞笑节目的笑点,而不是新产品的产品优点、性能等。如图 3-4 所示为某公司的科技研讨活动,其主题为"科技强国",整场活动都是紧紧围绕主题开展的,因此举办得特别成功。

图 3-4 某公司的科技研讨活动

3.1.6 直截了当,利益直明

一个好的活动策划,一般都会将对受众有利的方面直截了当地告诉受众,这样更容易让受众受到活动的渲染。

例如,举办一场优惠促销活动,那么就需要在宣传的过程中,让受众了解到优惠力度,这样就比较容易激发消费者的购买心理。

某科技公司举办促销活动,以"0 元起拍"的方式呼吁群众,让群众感知到自己可以直接受利,促销活动一般也会限制时间,让受众有紧迫感,错过了这个时间段优惠就没有了,很好地抓住了受众的心理,从而达到很好的营销效果,如图 3-5 所示。

图 3-5 0 元竞拍促销活动

3.2 了解实战，总结心得

了解完活动策划的流程和活动策划的 6 大原则后，本节将从活动策划的实战进行分析，更好地对实战经验做好总结。

3.2.1 根据理由，挖掘活动

活动策划者在进行活动策划的过程中，不能直接表明活动的利益目的，通常是以传统节日或重大事件作为宣传出发点和活动理由。活动理由可以作为活动策划的推动力，这样可以大大增加活动的信服力。要想在非传统节日和重大事件发生时挖掘到更多的活动，则需要更多有推动力的理由。下面就以 3 种常见的理由为例进行分析。

1. 理由一：合适时间

不管是在现实生活中，还是在互联网上，以时间为理由的活动策划是很常见的活动素材。

例如，天猫的"双十一"活动，就是以一个固定时间每年"11 月 11 日"来进行促销活动，且活动力度也是消费者所期待的，由此才会出现 912 亿销售额的创举。如图 3-6 所示为某天猫店铺的"双十一"活动宣传广告。

图 3-6 天猫"双十一"活动宣传广告

活动策划中所指的时间，并不单指日期，还可以从两个方面出发，比如节假日中的五一节、春节等和季节中的换季清仓等。

2. 理由二：实时热点

实时热点是人们最为关注的话题，活动策划者可以借助它们的"热势"，让自己的活动更容易地受到人们的欢迎。

那么,哪些实时热点可以作为活动策划的素材呢?可以从 3 点入手,即社会热点、明星花边和生活新闻。

例如,如图 3-7 所示是某游戏公司在奥运会期间发行的新款游戏,它就是利用为奥运会加油的口号热点吸引群众目光,打响自己的知名度。

图 3-7 借势奥运会热点

3. 理由三:产品亮点

活动策划者还可以用产品的亮点作为策划活动的素材,以此来吸引受众的注意力。在现实生活中,新品发布会就是一个非常典型的以亮点为理由的活动类型。

例如,某美妆公司的眼霜就是以亮点"明眸善睐,唯你而生"作为活动文案,来吸引各大消费者的注意力,如图 3-8 所示。

图 3-8 以亮点为主的文案广告

3.2.2 掌握规则,事半功倍

下面就来了解活动策划的规则。活动策划菜鸟只有将活动策划的规则掌握了,才能在活动策划的过程中避免一些问题的发生,为自己增加一些信心。

1. 确定核心主题

活动策划者在进行活动策划工作时,只需要确定一个核心主题,并围绕此主题展开活动策划。千万不要在一个活动中嵌入多个主题思想,这样策划出来的活动可操作性非常低，且没有任何意义。

一般来说，活动主题在以下 3 点的基础上才能得以确定：
- 以企业实际情况出发。
- 根据市场发展状况进行确定。
- 是目标受众所需要的内容。

2．直明活动利益

一个好的活动策划，一般都会将对受众有利的方面直截了当地告诉受众，这样更容易让受众受到活动的渲染。

例如，举办一场优惠促销活动，那么就需要在宣传的过程中，让受众了解到优惠力度，以激发消费者的购买欲望。

3．把控执行能力

活动策划者在进行活动策划的过程中，需要把控好活动是否具有执行能力，可以从 3 个方面进行考虑，包括执行人员的情况、将活动安排周全和外部环境问题。

4．转化活动类型

活动策划者千万不要只盯着一种活动类型进行策划，要学会转化活动类型，这样才能在正确的时间上运用正确的活动类型，也能大大提高活动的可执行力，以及策划者的策划能力。

3.2.3 抓住重点，规范撰写

活动策划者在进行活动策划的过程中，需要撰写活动策划书，下面就来了解活动策划书常见的撰写规范。

1．活动名称的规范

一般来说，在策划书上，活动名称主要包含 3 点内容，如图 3-9 所示。

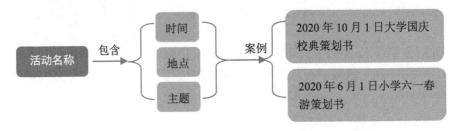

图 3-9　活动名称所包含的内容

2. 活动主题的规范

在活动策划书上一定要明确活动主题，不然企业管理者就不能快速抓住重点，既浪费管理者的时间，又让活动策划者"白费心思"。

一般来说，活动主题最好控制在 300 个字以内，其中最好包括活动的目的、意义，势必要用最精简的语言，让企业管理者快速了解整个活动的核心内容。

3. 活动开展的规范

在活动策划书中活动的开展包括 4 个部分，如图 3-10 所示。

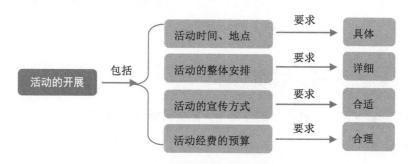

图 3-10　活动的开展所包含的内容

4. 活动要求的规范

在活动策划书的结尾部分，详细写出整个活动的要求，即举办活动的注意事项，避免开展活动时出现不可控的错误。

3.2.4　了解要点，规避问题

活动策划者在进行活动策划的过程中，很容易遇到一些问题，下面就来了解一下注意事项，让活动策划者规避这些问题。

1. 确定受众对象

活动策划者在进行活动策划之前，一定要明确受众对象，且围绕活动受众的需求、喜好来开展活动策划工作。

2. 确定活动阶段

一般来说，活动都会以 3 个阶段进行，如图 3-11 所示。

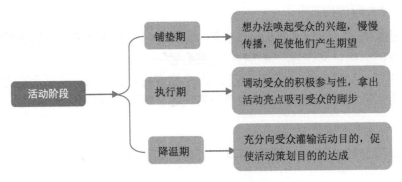

图 3-11 活动的 3 个阶段

3.2.5 策划人员,素质培养

活动策划者在进行活动策划的过程中,需要具备以下素质。

1. 创新性思想

活动策划者需要具有创新性思想,这样才能使策划出来的活动更具亮点。创新性思想的作用,如图 3-12 所示。

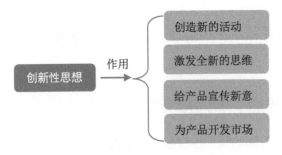

图 3-12 创新性思想的作用分析

2. 强协调能力

活动策划者可以说是整个活动的"指挥员",需要具有较强的协调能力,这样才能与其他人员相互交流,才能维护活动运行。那么,活动策划者的协调能力在活动中是如何体现的呢?如图 3-13 所示。

3. 心理素质强

对于活动策划者来说,良好的心理素质是必须要具备的,特别是在处理突发事件时,更能体现活动策划者的心理承受能力。活动策划者在心理素质方面需要做到两点，一是遇事需要乐观积极，遇到麻烦或失败需要有较强的心理承受能力；二是要有绝对的自信。

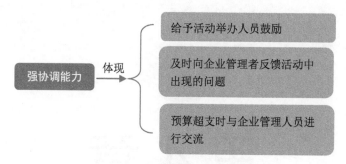

图 3-13　强协调能力的 3 个体现

第 4 章

执行活动，严谨把控

学前提示　无论是线上还是线下，每一场活动的成功都是建立在众多准备工作基础上的。在完成准备工作之后，接下来就需要执行活动了。那么，活动策划者应该从哪些方面把握活动的执行呢？本章将从流程控制、人员控制和节奏控制这 3 个方面，详细介绍活动的执行。

要点展示
- ▶ 活动流程，掌握全场
- ▶ 活动过程，控制人员
- ▶ 活动节奏，划分阶段

4.1 活动流程，掌握全场

活动在进行的时候，并不意味着活动策划者就可以高枕无忧地休息了，活动策划者的工作应当贯穿整个活动始终。不到活动最后结束，活动策划者都应关注或参与活动现场工作。本节将讲解活动现场的流程控制工作。

4.1.1 确认活动，分配人员

活动流程表是在活动筹备期间就制作完成的，但是在活动进行时还需再次确认一遍，使现场工作人员都了解活动流程，熟悉自己的工作是什么，知道相关人员的任务是什么。

每一场活动都是现场直播，即使出了差错也无法重新开始，因此确认活动流程表是在活动进行前确保活动顺利进行的最后一道屏障，所以活动策划者对这一工作必须确保落实无误。

一些大型的现场活动，甚至会在活动开始前进行数次彩排预演来确保活动流程的顺畅无误，如图4-1所示。

图4-1　XX周年庆晚会活动的彩排现场

4.1.2 活动现场，防范失序

活动现场失序是十分严重的问题，它会导致活动无法继续正常进行，即使是在网络上进行的活动,也难以避免这个问题。如图 4-2 所示,因为失序的人们在同一时段进入活动页面,导致服务器处理不及时而崩溃。

图 4-2　服务器崩溃的活动页面

因此,在活动进行时活动策划者和其团队必须对活动失序问题严加防范。

特别是在线下,大型活动的失序往往会产生较大影响。同时,活动策划者也应该注意到,通常大型线下活动的失序并不是由大量的人群所导致,因为活动现场都有负责引导的人员和措施,引起人群失序的往往是活动现场的不安定因素,比如人群中的情绪不稳定者捣乱或现场设施发生意外而引起人群恐慌失序。所以可以从以下两个方面进行防范:

- 全面监控活动现场,及时排除影响安定的因素。
- 定时巡逻检查设施,实时确保活动现场的安全。

4.1.3　发挥主持人的作用

在活动的流程控制中,主持人的作用至关重要,因此,可发挥主持人的作用来进行活动流程控制。

一般来说,主持人在活动现场扮演着十分重要的角色,如果说活动策划者是幕后的规划者,那么主持人就是台前的指挥者,优秀的主持人能为活动增色添彩,合格的主持人能引导活动顺利进行,拙劣的主持人则会使活动毁于一旦,严重的可能还会使企业形象受到损害。

如图 4-3 所示为主持人对活动作用的相关分析。

如图 4-4 所示为某电视台的著名主持人,在一档知名节目直播中面对突发情况的一次完美救场表现。

图 4-3　主持人在活动中的作用

图 4-4　节目现场完美救场画面

由此可见，主持人对活动的帮助作用十分重要，对活动的顺利进行起着重要作用，所以活动策划者团队在决定主持人选时一定要提高要求，注意人选职业素养。如果选择不出一个各方面技能都突出的人选，也可以选择两个人主持或多个人主持，形成优势互补。

4.1.4　人员聚集，引导分流

对于大型活动来说，参与者总是非常多，太多的人聚集在一起容易引发诸多问题，这些问题常常会影响活动的顺利进行，所以活动进行时活动策划者应将人员的引导分流问题考虑好并解决好。

不管是在线上活动还是线下活动中，引导活动的参与人员有秩序地参与活动是件十分重要的工作。通常来说，最常见的引导就是让参与者排队或引导参与者配合活动，如图 4-5 所示。由图右侧显示的内容来看，该主持人是在活动将结束时引导受众参与提问，配合活动。

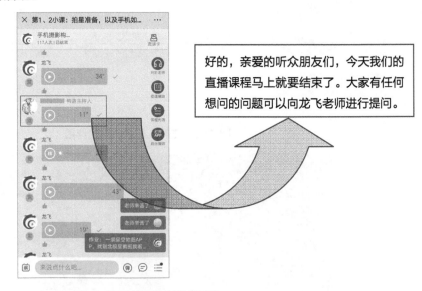

图 4-5　引导受众配合活动

此外，还有在活动现场的主要通道放置广告牌和贴挂宣传标语引导群众接受被动引导，如图 4-6 所示。

图 4-6　放置在主要通道上的引导牌和广告牌

4.1.5　安排摄影，拍照留念

在线下活动中，安排摄影环节和做好摄影任务的工作必不可少，因为线下活动中的摄影环节所留下的照片，不仅可以作为活动参与者和举办方的留念，也是后期宣传过程中必备的宣传资料。

如图 4-7 所示为"手机摄影构图大全"开展的线下私房课课后活动宣传内容中的私房课现场照片。

图 4-7　线下私房课课后活动宣传内容中的私房课现场照片

那么，在线下活动进行过程中，活动策划者应该做好哪些安排，从而确保活动现场的摄影工作符合参与者的纪念要求和品牌方的宣传要求呢？在笔者看来，活动过程中的摄影安排主要在于确定拍摄的内容。线下活动要拍摄的内容主要包括 4 个方面，如图 4-8 所示。

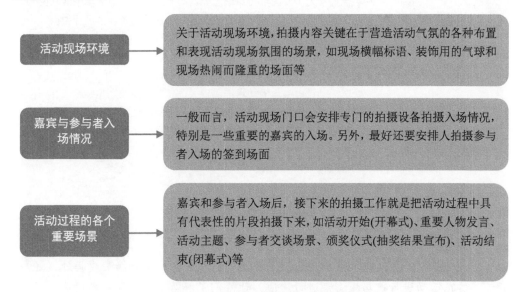

图 4-8　线下活动要拍摄的主要内容

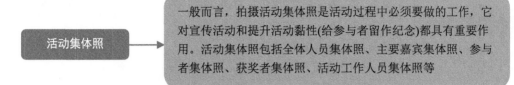

| 活动集体照 | 一般而言,拍摄活动集体照是活动过程中必须要做的工作,它对宣传活动和提升活动黏性(给参与者留作纪念)都具有重要作用。活动集体照包括全体人员集体照、主要嘉宾集体照、参与者集体照、获奖者集体照、活动工作人员集体照等 |

图4-8 线下活动要拍摄的主要内容(续)

在拍摄过程中,若想确保拍摄内容能满足宣传需要,就需要注意4个方面的问题,具体如图4-9所示。

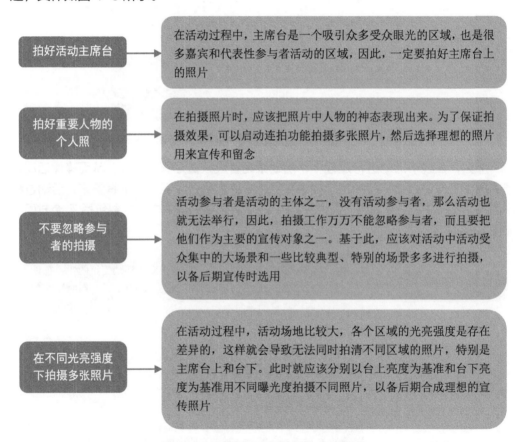

拍好活动主席台	在活动过程中,主席台是一个吸引众多受众眼光的区域,也是很多嘉宾和代表性参与者活动的区域,因此,一定要拍好主席台上的照片
拍好重要人物的个人照	在拍摄照片时,应该把照片中人物的神态表现出来。为了保证拍摄效果,可以启动连拍功能拍摄多张照片,然后选择理想的照片用来宣传和留念
不要忽略参与者的拍摄	活动参与者是活动的主体之一,没有活动参与者,那么活动也就无法举行,因此,拍摄工作万万不能忽略参与者,而且要把他们作为主要的宣传对象之一。基于此,应该对活动中活动受众集中的大场景和一些比较典型、特别的场景多多进行拍摄,以备后期宣传时选用
在不同光亮强度下拍摄多张照片	在活动过程中,活动场地比较大,各个区域的光亮强度是存在差异的,这样就会导致无法同时拍清不同区域的照片,特别是主席台上和台下。此时就应该分别以台上亮度为基准和台下亮度为基准用不同曝光度拍摄不同照片,以备后期合成理想的宣传照片

图4-9 拍摄过程中要注意的4个问题

专家提醒

其实,要做好拍摄工作,除了在活动过程中做好活动摄影安排外,还应该在活动进行前与摄影师进行沟通,让他们了解活动流程和基本情况,了解活动中的拍摄需要达到什么目的,然后再制定具体的活动拍摄方案。

4.2 活动过程，控制人员

在活动现场，一般包括两类人，一是活动主办方及其工作人员，二是来参与活动的人员。他们作为活动的两类主体，活动策划者应该分别加以重视，让其有序、有效地参与到活动中，从而达到活动顺利开展的目的。本节将从参与嘉宾与受众和工作人员两个方面来介绍活动过程中的人员控制。

4.2.1 设置签到，核对嘉宾

面对活动的参与嘉宾与受众，活动策划者除了要做好活动中的引导受众参与到各个活动中的工作之外，还应该做好核对参与嘉宾与受众的工作。特别是一些线下室内活动，出于活动场地和承载量有限、活动安全等方面的考虑，需要让选定的活动嘉宾和受众参与活动，一般需要设置签到环节，以便进行核对。图 4-10 所示为 XX 活动现场的签到环节。

图 4-10　XX 活动现场的签到环节

在参与活动的人员中，无论是嘉宾还是普通的参与者，都要进行签到。这样可以了解参与活动的人群的基本情况，从而根据具体情况安排后续的活动环节。

1．嘉宾签到

虽然在活动策划环节和活动准备过程中，就对参与活动的嘉宾进行了安排，也确认了他们是否能如期抵达。但是，最终的嘉宾到场情况还需要根据签到情况来决定。因为即使通过电话、短信等途径确认了能如期到场的嘉宾，可能也会出现因为各种意外而无法前来的情况。

了解清楚嘉宾的签到情况后，如果有重要嘉宾无法前来或无法如期前来，就应该做出合理的安排，按照突发状况来处理，让活动能有序进行下去。

例如，对因为某些情况而无法如期前来的嘉宾，如果与之相关的活动环节可以调整顺序，可以把相关环节放到后面进行；如果与之相关的活动环节不可以调整顺序，可以与活动举办方协商，安排其他嘉宾参与进来，也可以让无法如期前来的嘉宾推荐合适的人选承担该环节的工作。当然，如果与之相关的活动环节并不是一定不可缺少的，那就可以考虑删除该环节活动。

2. 普通的参与者签到

普通的参与者，也可分为两种，一种是开放性活动的参与者，一种是非开放性活动的参与者。针对开放性活动的参与者，其签到的作用是确定参与人数，确定活动规模——为后期活动总结和复盘提供数据参考。针对非开放性活动的参与者，其签到的作用是通过参与者的到场率，一方面考量前期宣传效果和策划的活动吸引力程度，另一方面可以方便现场管理和接待工作的进行，并为后续的活动安排提供参考依据。

4.2.2 相互沟通，确保顺畅

沟通在活动中的作用十分关键，工作人员的工作与活动紧密相连，有了他们之间的有效配合才能有活动这一整体。越是大型的活动工作环节就越多，工作人员也会相应增加。人员增多的同时工作也难免会出现疏漏。如果出现了疏漏，工作人员之间还不能相互沟通解决，那疏漏只会越来越多，越来越大，最后甚至会影响到活动的正常进行。

由此可见，确保活动工作人员间沟通的顺畅十分重要。要做到沟通顺畅，可以从两点着手：一是确认各相关工作人员之间有通畅的沟通渠道；二是确定统筹活动工作信息管理的人员或团队。

4.3 活动节奏，划分阶段

说到活动节奏，可能很多人感到很抽象，难以理解。下面以线上促销活动为例来进行简单说明，帮助读者了解什么是活动节奏。

某一线上促销活动在安排促销方案时，分为 3 个时段来吸引有效访客，达到促销目标。关于该促销活动的 3 个时段，具体介绍如下。

(1) 开始时段。

为了吸引有效访客，商家在开始时段推出了优惠力度较大的打折活动。当然，可以通过设置竞争活动来达到这一目标，特别是比较常见的一类能形成紧迫感的竞争活动，如图 4-11 所示，它们能刺激消费者快速下单。

图 4-11　通过设置竞争活动来刺激消费者快速下单

(2) 中间时段。

经过前期力度较大的优惠活动后，产品吸引了很多消费者关注。此时访客的流量已经上去了，促销活动策划者应该安排比较平稳的优惠活动，也就是此次活动策划的预定优惠力度。在这一时段访问的消费者，一般是更看重产品本身的消费者——只要产品优质，性价比不错，消费者就会下单。因此该时段的优惠节奏明显放缓。

(3) 结束时段。

在促销活动中，一般都会存在虽然加入了购物车但没有付款的消费者，结束时段商家要做的事就是让这些消费者付款，完成成交。商家在将要结束的时段，其安排的促销活动节奏应该要大一些——仍然要稍微小于开始阶段，同时应该加强消费者对活动节奏的感知，如提醒消费者，产品将要恢复原价了，想要的从速购买。

从上面的促销活动划分的 3 个时段中，我们可以清晰地感知到活动的节奏感，此时相信大家对活动节奏已经有所了解了吧。那么，接下来，笔者将从 3 个方面，具体地介绍活动过程中的节奏控制。

4.3.1　执行活动，把握时间

说到小说的情节，大家都知道包括 4 个部分，即开端、发展、高潮和结尾。其实，活动也是如此，它主要可分为 5 个时间点，即开幕、渐强、高潮、渐弱和落幕。其中，开幕、高潮和落幕是活动过程中应该重点把握的 3 个时间点。

而这些时间点的划分，主要是基于受众的注意力。关于人的注意力，从沟通出发位置来划分，可分为 4 种，即视觉主动注意力、视觉被动注意力、听觉主动注意力和听觉被动注意力，具体分析如图 4-12 所示。

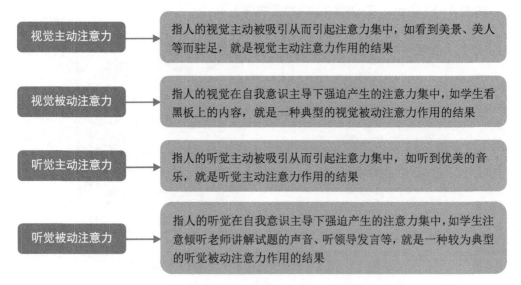

图 4-12　从沟通出发位置来划分人的注意力的类型分析

由图 4-12 可知，抛开视觉与听觉这两种不同的感官分类，人的注意力可分为主动注意力和被动注意力。而人的注意力在活动过程的曲线变化，就构成了活动的不同时间点——从大的循环上来看，活动中的人的注意力包括两个从被动注意力转化为主动注意力的过程。正是这两个转化过程中人的注意力的变化，构成了活动过程的时间点的划分。关于人的注意力从被动到主动的转化，第一次是从开幕到高潮的转化，具体分析如下所示。

（1）开幕→高潮：第一个从被动注意力到主动注意力的转化过程。

（2）具体过程：在活动开幕时，人的被动注意力占据主导地位，此时受众在自我意识强迫下让自己去参与。

（3）接着：随着活动的开展，这一过程中受众受到自我情绪影响的程度逐渐减少，人的被动注意力逐渐转化为主动注意力。

（4）最后：在活动高潮时，人的主动注意力占据主导地位，此时受众完全被活动吸引，自愿去参加活动，融入到活动中。

在活动过程中，人的注意力完成了第一个从被动到主动的转化过程后，紧接着就是第二个转化过程。因为当受众在活动高潮时自己的参与活动的意愿得到满足，其心理期望也得以达成的时候，受众的自我情绪就会快速回笼，影响活动的参与意愿。此时活动就需要把握节奏，安排相应环节迅速进入从被动注意力到主动注意力的转化过程，直至闭幕。关于第二个注意力转化过程，具体分析如图 4-13 所示。

在这两次的转化过程中，如果没有让受众的注意力完成从被动到主动的转化，受众也没有顺利让心理期望达成，那么他们极有可能在活动高潮前和活动结束前离开，从而影响活动的效果。

```
┌─────────────────────────────────────────────┐
│          高潮→闭幕：                          │
│  第二个从被动注意力到主动注意力的转化过程        │
└─────────────────────────────────────────────┘
                    ↓ 具体 过程
┌─────────────────────────────────────────────┐
│  在活动高潮过后，人的情绪回笼，并回到顶点，也就是回到人的 │
│  被动注意力占据主导地位的状况，受众强迫自己去参与活动    │
└─────────────────────────────────────────────┘
                    ↓ 接着
┌─────────────────────────────────────────────┐
│  随着活动的开展，这一过程中受众受到自我情绪影响的程度又一 │
│  次逐渐减少，人的被动注意力又重新逐渐转化为主动注意力   │
└─────────────────────────────────────────────┘
                    ↓ 最后
┌─────────────────────────────────────────────┐
│  在活动闭幕时，也就是俗称的"压轴"阶段，心理期望顺利达成， │
│  人的主动注意力占据主导地位，此时受众完全被活动吸引，自愿 │
│  去参加活动                                    │
└─────────────────────────────────────────────┘
```

图 4-13　活动过程中"高潮→闭幕"中人的注意力的转化分析

例如，2019 年中央电视台春节联欢晚会在安排节目时，把能表现大家意气风发状态、彰显国家和民族发展主题的歌舞节目《我们都是追梦人》作为高潮部分内容之一，如图 4-14 所示。同时又把一首情感浓郁、激情昂扬的歌曲《难忘今宵》作为压轴节目。

图 4-14　2019 年春晚高潮演唱曲目《我们都是追梦人》

综上所述，活动执行过程中应该控制时间点节奏，在开幕、高潮、落幕这 3 个时间点上，安排一些能吸引受众注意的活动节目，这样才能让活动举办成功。例如，很多的线下活动，一般在开幕时会有精彩的节目表演、领导致辞等，高潮部分会有重要产品、明星人物亮相等，落幕部分会有抽奖、压轴节目等，这些都是通过对时间点进行控制，合理地安排节目顺序的表现。

4.3.2 渲染气氛，调动情绪

说到气氛点，在开始时大家可能也与不了解时间点之前一样，觉得很抽象，然而如果提到了一个与气氛点相关的概念，如背景音乐，就会瞬间明白气氛点是什么了，也就会明白在活动中应该如何控制气氛点了。图 4-15 所示为电影《如影随心》搭配同名背景音乐的示例。

图 4-15 所示的电影《如影随心》片段内容，正是男女主角刚好在一起的片段，搭配的背景音乐是有着较强代入感的同名歌曲《如影随心》，能很好地调动受众的情绪，把握电影的节奏点。

图 4-15　电影《如影随心》搭配背景音乐的示例

确实，音乐是一个能很好地调动受众情绪的媒介。因此，下面就围绕背景音乐，以举例的方式来说明活动中气氛点的控制。

1. 药店促销活动

在促销活动中，需要使用合适的背景音乐来让消费者感到愉悦，同时需要让背景音乐的旋律与消费者听觉器官所感受到的节奏相吻合。只有这样，才能在一定程度上营造一种合适的活动氛围，刺激消费者下单，推动促销活动举办成功。

那么，药店应该如何安排线下促销活动的背景音乐，才能很好地控制活动的气氛点呢？下面将从两个方面来介绍促销活动的背景音乐安排。

（1）选择合适的音乐种类。

对于药店而言，背景音乐首先应该遵循选择促销活动的背景音乐的一般法则，具体如图4-16所示。

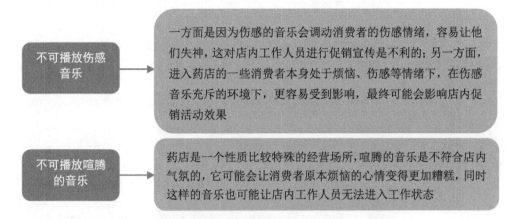

图4-16　药店促销活动的背景音乐应该遵循的一般法则

除此之外，在促销活动中，活动策划者还应该根据药店的定位来选择合适的背景音乐——因为定位不同，其目标消费者也不同，自然其所喜爱的音乐也是存在差距的，具体如图4-17所示。

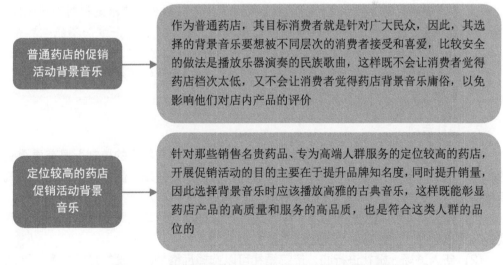

图4-17　根据药店定位为促销活动选择合适的背景音乐

(2) 不同时段选择不同的音乐。

活动策划者在控制气氛点的时候，还应该根据活动参与者所处的具体环境来选择背景音乐，以便更好地把握好受众的气氛点。具体说来，以一天为一个活动周期，那么其气氛点的节奏控制如图4-18所示。

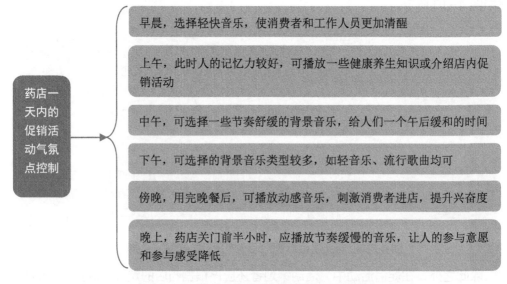

图4-18 药店一天内的促销活动气氛点控制

专家提醒

活动策划者要注意的是，在活动过程中，虽然背景音乐是控制活动气氛点的有力媒介，但是要注意一个适度原则。也就是说，一方面不能喧宾夺主，完全以背景音乐来控制活动气氛点，而是要适当加入一些介绍品牌和促销活动的信息；另一方面不能设置太大的音量——以不影响店内人员交谈的音量为宜。

2. 婚礼活动

相对于上文介绍的药店来说，婚礼活动现场的音乐在气氛点的控制上具有更重要的作用。因此，活动过程中的各环节的背景音乐应该做好搭配，最好能很好地烘托气氛和衔接各个环节。关于婚礼的背景音乐，下面以一些环节为例。

(1) 婚礼开场：播放古典音乐，中式婚礼可以选择《百鸟朝凤》《好日子》；西式婚礼可以选择《回旋曲》《薇丽亚之歌》。

(2) 新人进场：婚礼进行曲，传统婚礼可以选择瓦格纳的《婚礼进行曲》；西式婚礼可以选择门德尔松的《婚礼进行曲》。

(3) 新人致辞：爱情誓言类，中文可以选择《甜蜜约定》《就是爱你》；外文可以选择《I Swear》《Perfect moment》。

(4) 家长致辞：嘱托与祝福，中文可以选择《一路上有你》《天生注定》；外文可以选择《Your Song》《First of May》。

(5) 交换信物：突出"珍爱"类，中文可以选择《戴上我的爱》《甜蜜蜜》，外文可以选择《Everything I do》《Sweet》。

(6) 新人退场：简单喜庆类，中文可以选择《简单爱》《跟着我一辈子》，外文可以选择《In You》《I Believe》。

4.3.3 加深记忆，留下印象

无论是线下活动还是线上活动，其持续时间少则一两个小时，多则几天甚至十几天，其所包含的信息内容也比较多，然而真正能被受众记住的又有多少呢？在笔者看来，能记住的信息非常有限，且随着时间的推移，完全有可能湮灭在记忆长河中、不见踪影。

活动策划者若想让活动成功，就应该在活动执行过程中打造一些能被受众记住的东西，这样影响才能持续得比较长久，特别是对一些致力于提升品牌知名度和辨识度的活动来说，更应如此。

例如，大家熟悉的"德芙巧克力"品牌宣传活动，其广告词有很多，但是让人记住更多的是"纵享丝滑"和"纵享新丝滑"吧。如图 4-19 所示为德芙巧克力的品牌广告宣传。

图 4-19 德芙巧克力的品牌广告宣传

作为宣传德芙巧克力的两支广告，其广告宣传中并只有这两句，那么为什么它们却给受众留下了更深的印象呢？其关键就在于记忆点的打造。德芙巧克力的优点是如丝滑般的细腻口感,这也是很多品尝过德芙巧克力的人的共同感受。可见,产生记忆点的一个原因是能让受众产生情感共鸣和心理共鸣。

当然,在策划活动过程中,为了让受众的记忆点更深刻,还应该注意一点,那就是在宣传和活动执行过程中,突出活动主题,强化宣传重点,弱化次要特点。就如德芙巧克力一样,其品牌宣传中突出的是其口感方面的突出特点——"丝滑",然后让受众在产生心理共鸣的情况下深深地记住。

其实,除了突出活动的主题、宣传的重心外,活动策划者还可以通过活动包装来营造手中的记忆点,特别是把活动与时事热点相结合,更能让人印象深刻。如图 4-20 所示,该活动就是借助"中秋节"这一热点打造的"金秋月"活动。

图 4-20　结合热点营造受众记忆点

第 5 章

剖析活动，创造价值

学前提示 　对于企业来说，不管是在营销方面还是企业内部活动方面，活动策划都是一个永垂不朽的话题，一个合格的活动策划能更好地提升企业与受众之间的感情。总的来说，活动策划是营销、管理等方面人才所需要具备的"挖金手段"。

要点展示

- ▶ 策划优势，少走弯路
- ▶ 策划作用，提升美誉
- ▶ 网络营销，提供便捷
- ▶ 活动营销，扩大影响

5.1 策划优势，少走弯路

活动策划的优势就是可以通过多种不一样的营销手段将产品进行推广，企业也可以从多种营销手段中挑选出最合适的手段来实现自身目的，从而避免多走许多弯路。

5.1.1 相互传播，主动体验

企业之所以会进行活动策划，是因为活动策划可以进行二次传播。二次传播的意思是将活动发布出来之后，其他媒体可以进行转载，同时也大大加强了互动传播能力。它具有 3 大特点，如图 5-1 所示。

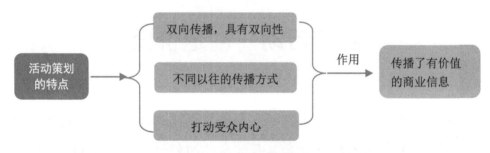

图 5-1 活动策划的特点

5.1.2 围绕主题，吸引注意

一般来说，活动策划需要围绕一个特定主题展开。如图 5-2 所示为活动主题的作用。

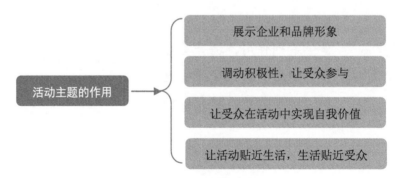

图 5-2 活动主题的作用

活动主题的作用是在受众心中留下深刻的印象，以此来增加品牌的知名度。例如，某饮料就是一个经典例子，它就是在微博、微信等载体上多次策划活动，吸引受众的注意力，通过这样的方式成为了人们耳熟能详的饮料品牌。如图 5-3 所示为某昵称瓶子的分享活动。

图 5-3　昵称瓶子分享活动

5.1.3　受众群体，范围较广

一般来说，活动策划对受众的要求范围比较广，即使如此，还需要根据受众的需求和特点来开展策划工作。在活动进行中，如果活动有足够的吸引力，自然也就会吸引到大量的潜在用户，为企业扩大用户范围。

例如，某口红品牌邀请明星到活动现场宣传自家的口红，以及感受口红的颜色和效果，让经过的路人都纷纷上前观望。这样的一个活动，就是利用了明星的名气来吸引明星粉丝、对明星感兴趣的路人以及喜欢凑热闹的人群。如图 5-4 所示为某口红品牌的线下宣传活动。

图 5-4　某口红品牌的线下宣传活动

5.1.4 成本较低，效果更好

对于不少企业来说，活动的宣传广告费是一笔高昂的费用，同时也是一种较大的负担，如图 5-5 所示。

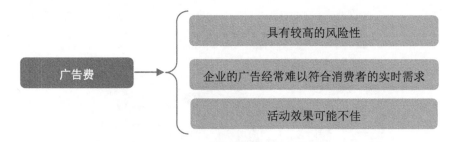

图 5-5 广告费负担相关分析

与借助电视媒体平台的宣传方式相比，用活动方式来进行产品推广的成本就显得低多了，而且效果也比广告要强得多，如图 5-6 所示。

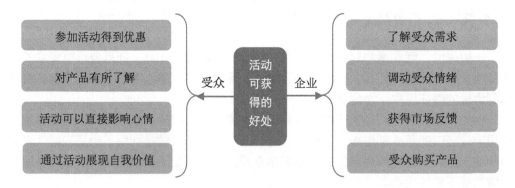

图 5-6 活动可获得的好处

5.2 策划作用，提升美誉

活动策划的存在并不是凭空出现，它之所以被各大企业所看重，是因为它能让企业品牌有效提升在消费者心中的美誉度。下面就来进一步了解活动策划的作用。

5.2.1 曝光品牌，服务受众

对企业来说，一个好的活动策划就是一个提高企业品牌曝光率的有效渠道。消费者积极参与到活动中，就会对活动中出现的所有因素产生"自主注意"意识，届时，企业在活动中注入的商业信息也不会让消费者产生厌恶的感觉，他们会更愿意接受，因而大大提高了商业信息的展现机会或品牌的曝光率。

例如，支付宝与 45 家品牌商家联合推出"咻一咻"送红包的活动，大受人们的关注。在活动的过程中，用户只要在支付宝"咻一咻"上咻到了红包，就能看到商家赠送的红包，且配上祝福，这样的方式既能让获得者心中产生温暖，又能在获得者心中提升对商家的好感。如图 5-7 所示为支付宝"咻一咻"上的商家红包。

图 5-7　支付宝"咻一咻"上的商家红包

在活动中，共有 160 多万人参与了众安保险的新春抢福袋活动，通过这次活动众安保险能得到诸多收获，如图 5-8 所示。

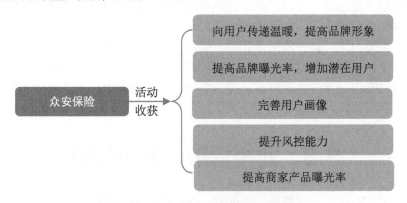

图 5-8　众安保险在福袋活动中的收获

5.2.2　调动受众，积极参与

一个好的活动策划能大大地调动受众的参与性，只要受众愿意参与到活动中，就能达到企业通过活动的方式向受众传播商业信息的目的。

例如，支付宝与 2016 年春节联欢晚会联手推出"咻一咻集齐 5 福，平分 2 亿红包"活动，大大地调动了消费者的参与性。在春节联欢晚会期间，全国 6.9 亿观众守候收看，其中支付宝"咻一咻"的次数达到了 3245 亿次，且在 21 点 09 分"咻一咻"峰值达到了 210 亿次/分钟。在春节联欢晚会"咻一咻集齐 5 福，平分 2 亿红包"活动结束后，共有 791405 人集齐了富强福、和谐福、友善福、爱国福、敬业福，最终每人平分 271.66 元，如图 5-9 所示。

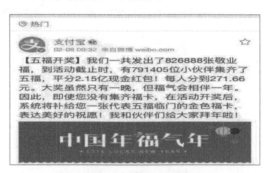

图 5-9 "咻一咻"活动结果

5.2.3 连接受众，增加情感

一个好的活动策划，并不只是对企业有好处，对于参与活动的受众来说也是益处多多，最大的好处在于能开发受众之间的连接性，增加受众间的情感。

人们可以通过活动，与自己的亲朋好友连接在一起，一起分享活动的快乐；也可以在活动中结交新的朋友。活动就成为了人与人之间加深感情的桥梁。

例如，在支付宝"咻一咻"活动中，受众连接性非常突出。人们可以在支付宝中首次添加 10 名好友，从而得到 3 张福卡，且用户与用户之间可以相互交换多余的福卡。这一设计可以让用户主动将自己的朋友引进到支付宝中，也能维护用户与用户之间的感情。

5.3 网络营销，提供便捷

网络是当今社会的一个重要组成部分，现在的社会已经离不开网络了，大多数人的生活不能缺少网络。网络可以让我们的生活变得更加便捷，让我们可以轻松出行，简装旅行；网络也在改变着我们的生活方式，让我们足不出户也可以知晓天下大事，维持正常生活。网络似乎在改变一切，如出行方式、沟通方式、支付方式等，当然，这其中也包括活动策划。网络不仅仅让人们的生活变得更加便捷，也为活动策划提供了许多便利。

随着互联网的兴起，网络不仅为活动提供了大量的受众，还提供了众多聚集受众的社交媒体平台，许多互联网用户每天都会花一定的时间活跃在这些社交媒体平台上，而这些媒体平台更是为网络营销提供了有力渠道。网络营销是现今行业内的一个热词，指的是利用数字化的信息和网络媒体的交互性来辅助营销目标实现的一种新型的市场营销方式。

简单地说，网络营销就是以互联网为主要手段进行的，为达到一定营销目的的营销活动。如今，各行各业都在利用互联网所提供的强大功能进行着网络营销，活动当然也可以借助互联网的强大功能来实现自身的营销目标，扩大营销成果。

媒体平台为活动营销提供的便捷之处主要表现在 3 个方面：降低成本、提供渠道、满足个性，下面主要针对这 3 个方面来进行详细介绍。

1. 降低成本

网络营销使企业产品的销售成本和上市价格能够得到大幅降低，为其节省了巨额的促销和流通费用，这也使得众多企业开始进驻网络营销领域。网络营销得到了大量新鲜资本的注入，变得活跃起来，网络营销活动也开始变得成熟和丰富。后入驻的企业因为有了丰富的网络营销经验作参考借鉴，其在网络营销活动中的探索成本也得到了降低。并且在互联网购物的大环境下，网购消费者更倾向于价格低、品种全的商品，而互联网营销活动正好能比较全面地满足到这两点，这也使得在互联网上开展的营销活动更容易被消费者接受。

2. 提供渠道

互联网还为企业的营销活动提供了丰富的营销宣传平台，企业可以通过互联网上的社交媒体平台或门户网站投放营销广告，如图 5-10 所示。

图 5-10　社交媒体平台上的营销广告

互联网还为企业提供了便捷的销售渠道，如电商平台、微商平台，甚至企业还可以定制自己的 App，如图 5-11 所示。这些销售渠道不仅可以使企业快速直接地得到消费者的反馈，还可绕过中间商，减少产品流通环节。产品流通环节的减少就意味着产品流通的成本降低，企业既能快速直接地得到消费者的反馈，也能直接向消费者宣传品牌价值，扩大营销效果。

图 5-11　互联网上丰富的营销渠道

3. 满足个性

以消费者为主导是网络营销的最大特点。网络上的消费者拥有极大的选择自由，消费者可根据自己的个性特点和需求在覆盖全球范围的网络中寻找消费需求的满足，不受地域限制。面对消费者如此多样的个性化需求，营销活动也要提供多样的个性化服务，这样才更容易向消费者传递品牌价值和吸引顾客消费。

凭借网络强大的功能，网络营销正好可以满足消费者多样化的需求，如面对注重实用高效的消费者，互联网可以提供快速选购支付的途径，如图 5-12 所示。

图 5-12　三步即可完成购买

对于注重产品评价的消费者，互联网可以提供顾客交流信息的平台，表达对该产品的自身感受，如图 5-13 所示。

图 5-13　顾客可在评论区交流信息

5.3.1　宣传推广，加速传播

互联网对宣传推广产生了巨大的影响，网络可以让信息跨时间和跨空间传播，大大加快了宣传推广的影响速度。活动宣传到位是决定活动成功与否的先决条件，对活动来说至关重要，活动信息一定要快速及时并且准确无误地传达到受众的手中，因此活动策划者进行前期宣传工作时，一定要充分利用好互联网带来的便捷。

下面就让我们来看看互联网对活动快速宣传的两个影响：信息发送、渠道选择。

1．信息发送

信息传递的即时性一直是互联网平台相较于传统平台的一大优势，互联网对信息的即时发送，可以第一时间将活动的信息传递给受众，这对活动的前期宣传来说是十分重要的帮助。

宣传信息的滞后一直是活动宣传最为忌讳的一点，它会让活动的宣传效果大打折扣，因为活动的宣传工作不仅仅是简单地将活动信息传递给受众，而且还需要受众真正参与到活动当中，有许多受众即使接收到了活动的信息也不一定会去参加活动，受众可能的确对活动有兴趣，但因缺乏足够的动力，最后选择直接忽略活动。

俗话说："三人成虎"，是指一句没有根据的话，在被多次提及后就容易让人相信，这个比喻虽然不太恰当，但活动宣传也确实需要反复向受众展示活动信息。

例如，一个人看到了某一活动的信息，并对活动产生了一些兴趣，但他缺少参加活动的动力。如果他再次看到关于这个活动的信息，那他原来的想法可能会有一点动摇。反复多次，这个人就很可能想去活动现场一探究竟了。

这样的宣传效果通常只有在互联网上才能实现，电视、广播是让观众被动地接受信息，不可能频繁地发送同一段信息；而报纸杂志更新周期太长，明显无法实现这种宣传效果。

2．渠道选择

互联网不仅可以让活动信息第一时间被受众接收，还可以同时让活动信息被大量受众接收。互联网为活动的宣传提供了多种多样的宣传渠道，不同的渠道存在不同的受众，活动的宣传信息可以同时在这些渠道中发布。这也就意味着活动可以同时对数量庞大的受众群体进行宣传工作，极大地扩大了活动的影响范围。

在这些渠道中，电商交易平台和社交媒体平台最为重要。在电商交易平台上，活动可以直接向有消费习惯和消费能力的受众进行宣传，非常适合促销活动的宣传工作。

社交媒体平台也是活动宣传在网上的一个重要阵地，社交媒体平台上的用户更愿意接受和发掘信息，也十分乐于分享信息，这是互联网上传播信息效果最好的地方，也是进行活动宣传工作的绝佳场所。互联网社交媒体平台几乎已经覆盖到了网络世界的每一个角落，全世界已有数量庞大的互联网社交媒体存在，如图5-14所示。

图5-14　互联网世界的社交媒体平台

活动宣传信息在这些互联网社交平台发布，不仅可以让大量受众接收了解，还可能被受众主动传播到各处，造成预期之外的影响，如图 5-15 所示。

图 5-15　活动在社交媒体平台被大量转发传播

5.3.2　容量更大，信息可改

信息修改就是指互联网上信息修改更正可以及时生效，这是一个互联网提供给活动宣传的十分关键的便利帮助，虽然它不经常被使用，但在关键时刻却能发挥极为重要的作用。如图 5-16 所示，是在互联网社交媒体上发布的活动信息。

图 5-16　活动在社交媒体平台上发布或开展

社交媒体平台除了这些活动配套完善、方便举办、活跃用户众多、容易吸引参与者等优势外，活动选择在社交媒体平台发布信息的最大一个理由，就是发布在社交媒体上的活动信息可以即时修改。例如，万一发生突发意外，活动开始日期需要延后，在这些社交媒体平台上发布的活动开始日期信息就可以在第一时间得到修改，如图 5-17 所示。

图 5-17　活动在社交媒体平台上发布的延期通知

信息的修改可以让准备参加活动的受众第一时间知道活动举行日期延后了，从而避免这些受众在原定的日期前来参加活动，最后却扑了空，因而在心中对活动产生不好的印象。这样也让之后的受众不会接收到错误信息，从而产生不必要的误会，避免了活动主办方信誉的进一步流失。

5.3.3　数据更准，经验驱动

在信息时代，数据的作用十分重要，如阿里、腾讯、百度等大型互联网企业都建立了各自的数据库。不同行业也有不同类型的数据库，如电商平台的购销安全系统，社交平台的多端信息共享系统。其中购销安全系统包括以下功能。

(1) 权限控制：存取控制、身份认证。
(2) 信息加解密：表内容加解密、记录内容加解密、字段内容加解密。
(3) 密钥控制：密钥生产、密钥分配、密钥保护。

5.3.4　人员更优，提高效率

随着智能化技术的不断发展与应用，许多基本、单一的工作都已经能用机器或程序代替人来完成，如工厂车间自动化生产流水线，如图 5-18 所示。

图 5-18　巨大的生产线只需 1 名技术人员便可维持运转

这些生产单位在使用了智能化技术后，最直接的改变就是工作人员有了明显的减少，效率有了明显的提高。

智能化技术本就是从网络科技中发展出的技术，其与互联网的结合自然也最为容易和高效，因此活动策划的许多工作可以由程序代为完成。这就直接使得活动策划团队的工作执行变得简单，执行能力得到加强。

又如各大电商平台提供的智能客服服务，如图 5-19 所示。在活动参与者数量众多的情况下，有了这些 AI 人工智能的帮助，原本需要大量人员组成的策划团队才能完成的活动，现在由较小的策划团队也能完成了；如果使用的是高智能的 AI 人工智能，那还能更高效地完成。

图 5-19　智能客服

从事基础工作的人员被程序或 AI 人工智能代替后，活动策划团队留下的人员都从事无法被替代的工作，或者说在短时间内无法被代替的工作，这样互联网对活动策划团队的人员组织结构产生了影响。受到该影响，活动策划团队中容易留下 3 种类型的人：独特技术人员、策划工作主脑、综合素质强的人员。

这些容易被留下的人员，往往是活动策划团队的核心人物，他们要竞争的对象一般不是团队内的其他成员，而是其他活动策划团队。在活动执行能力被强大的互联网技术拉到差不多的水平时，活动策划需要竞争的就是策划水平上的高低了。

在互联网环境中，活动策划团队的竞争必然会导致活动策划团队的整体更加精简，素质更加优秀，活动的策划水平也会越来越高。

5.3.5 多种方式，增加盈利

随着成本的降低，收益也就会明显提高，下面就从 3 个方面来分析互联网提高活动效益的具体表现。

1. 参与条件

活动一般都会有参与条件或是参与要求，这是活动筛选受众的一个方法，也可以是活动盈利的一个环节，在商场超市中就经常可以看到用此方法来实现盈利目的的活动，如图 5-20 所示。

图 5-20　超市活动海报

这类购物抽奖送礼活动对于消费者来说，参与条件是满足一定金额的购物消费，活动目标是得到与消费金额对应的礼品或相应抽奖机会。

这种形式的活动不仅仅只出现在线下的商城超市，也常用于网络电商的促销活动中。这类活动赠送的礼品一般价值较低，中大奖的概率也不高，因此赠礼抽奖的环节对多数受众来说吸引力并不大。但因网络的辅助，活动中的领取礼品和抽奖的环节变得更加便捷，受众不用付出额外的活动成本，比如领奖排队花费的时间。所以，在互联网上，本为噱头的赠送礼品和抽奖环节对受众的利益性吸引更加明显。

上述的内容中，活动的参与条件本身就是活动的主要内容，所以多数参与者即使没有获得大奖，或是没领到礼品，也不会产生不满，对多少上述活动的参与者来说，重点是参与。但对有些也是需要支付一定经济成本才可参加的活动的参与者来说，重点就不是参与，而是收获了，比如讲座活动，会员活动等。

例如互联网中，利用微信公众号发布购买会员的某影视公司，在活动说明中讲解了购买会员卡会有哪些福利等，如图 5-21 所示。

图 5-21　某影视公司卖会员卡

此类活动的本质就是在贩卖某种服务或者某种体验，通常是受众对活动有比较深入的了解，明白自己的付出可以得到想要的服务或体验的。互联网正好为人们的互相交流与了解提供了很好的平台，大型社交媒体平台也对提供信息的准确度和真实度有着专业的要求与管控，所以这类活动一般都在各类社交媒体平台举行，主办方也多是在各平台有一定公信力和口碑的自媒体组织或个人。

2．外挂广告

有一定知名度的大型网络活动很容易吸引到大量的互联网用户，同时也容易吸引到许多的广告机会。网站页面上的广告链接十分常见，它们通常作为网页版面的填充物嵌于网页之中，如图 5-22 所示。

图 5-22 网站主页的广告

在网页上嵌入广告,除了能给网站提供广告费收入外,还能帮助网页优化视觉效果,使网页看起来内容丰富。由于网页可以跳转,所以网页上的广告内容一般可以简短一些,通常只是一段文字信息或图文结合的一句广告语。

在电商活动的活动页面中也经常能看到这种广告,但对电商活动来说,这些广告不仅有丰富页面内容、填充空白栏的视觉功能,它们常常还能作为活动的补充,提供一些受众可能需要但活动无法满足的服务。

如图 5-23 所示,这是某电商平台的主页,活动主页中的广告有电脑促销活动、免单抢购活动等多种多样的促销活动,让参与者可以根据自己的兴趣爱好选择其他不同产品的服务内容。

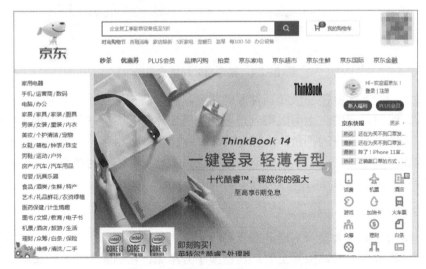

图 5-23 电商活动主页上的广告

3．寻求赞助

寻求第三方赞助一直都是活动增加盈利的好方法，有一定知名度的活动自然是不缺第三方赞助的，这些第三方的目的在于用赞助换取活动中的广告资源，活动通常利用在活动内容中植入赞助方的产品来达到广告的目的。

4．合作举办

但对于有些活动来说，它们或许不具备相当的知名度，寻求第三方赞助可能有些困难；或是本身就具有相当强盈利意味的促销活动，不太适合寻求赞助。这些活动的举办方就可以寻找同类商家，或者贩卖配套产品的商家，协商与它们联合举办活动。

例如，如图 5-24 所示的宣传活动，由多家品牌联合举办。这样的方式既可以使每个品牌不用独立承担如此大规模的促销活动成本，又可以丰富活动商品的种类，增加受众范围，还可以结合多家品牌的影响力来吸引受众参与活动。

图 5-24　多个品牌联合举办的促销活动

5.4　活动营销，扩大影响

活动营销一般指的是企业为了提高知名度和美誉度，扩大影响力，通过策划活动而促进产品销售的一种营销方式。也这么可以说：以活动为中心开展且达到企业目的的方式就是活动营销。活动营销对活动策划者来说，是活动开展的重要因素之一，如果想在活动市场的竞争中获得丰厚的利润，就必须先解决市场营销中可能发生的各种问题，因此，我们可以通过市场营销来确定活动营销策划。

1．回顾市场营销的理念

在现代市场营销中，主要是将"以顾客为中心"作为核心理念。这种营销观念是由后人总结提出的，其慢慢经过演变也有一个形成的过程，如图 5-25 所示。

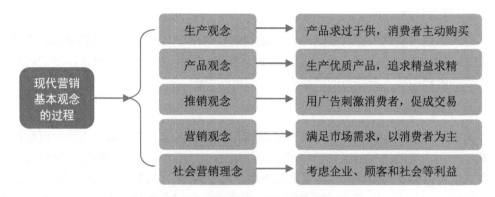

图 5-25　现代营销基本观念的过程分析

对于企业而言，营销活动不仅需要满足消费者的需求和获取利润，还需要从地球资源的角度出发保护好环境，而且要保证健康和谐的社会环境得以继续维持。

在活动营销中，这些理念可以相互通用，比如产品观念对活动营销来说，同样需要生产出优质产品，并且追求精益求精，带给消费者更好的体验。在营销方面，活动中的营销方式层出不穷，活动策划者在营销上还需要有更高的追求，比如说在这个基础上进行创新，将"以顾客为中心"转化成"从顾客角度出发设计产品"，或者其他新的营销理念，如绿色营销、体验营销等。

2．分析市场营销学概念

在市场营销学中还包括了"人的需要"和"4P 组合"这两个基本概念，下面来进行具体的相关了解。

（1）人的需要：需求和需要以及欲望在根本上还是存在区别的，这三者看起来相似却又不一样，具体分析如图 5-26 所示。

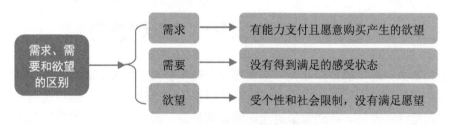

图 5-26　需求、需要及欲望的区别分析

（2）4P 组合：营销组合，通俗地讲就是营销手段，是企业用来达到目标的工具，其中包括产品、促销、价格以及地点 4 个方面，下面就对这 4 个方面来进行详细介绍。

- 产品：现在市场上各种各样的竞争十分激烈。想在市场中获得成功，产品的专业知识可以说是一个关键点了。销售工作人员只有掌握好产品专业知识，才能在客户咨询时作出详细而又精准的解答，用专业说服客户，帮助客户更深刻地了解产品、理解产品。同时还可以将产品和活动主题直接扯上联系，让顾客留下深刻印象，如图 5-27 所示。

图 5-27　某品牌电竞装备的发布会活动

- 促销：促销就是在产品的基础上制订出促销计划，在计划中将产品最好的一面呈现给顾客，让顾客更好地认识产品、发现产品的优点。所以说促销也是活动中的催化剂，不少企业和品牌都会借助多种渠道来完成促销，比如说广告横幅、杂志报纸等，如图 5-28 所示。

图 5-28　杂志上的产品宣传

- 价格：在营销活动中，很多商家都会利用价格来吸引顾客，而在确定价格方面一般取决于两个因素，一是经营成本，二是竞争对手。因此在营销活动中，常用的价格战略有优惠券、降低价格等，如图 5-29 所示。

图 5-29　优惠券

- 地点：在营销活动中，地点的选择很重要，同时也决定着怎样选择营销渠道。活动策划者需要通过确定活动地点选择营销手段来推进活动，比如说线下活动需要考虑活动场地、交通状况、天气气候等不可控因素，而线上活动则不需要考虑这些因素。

5.4.1　奠定基础，学做计划

活动开展需要制定活动策划书，而活动的营销同样也需要制订详细的计划，制订计划的基础是确定好活动类型及方式，下面就带大家学习如何做好活动营销计划。

1. 选择目标市场的技巧

根据活动策划者对活动的目标设定不一样，选择方式也会不一样。因此为了更好地制订活动营销计划，需要对目标市场进行更深入的了解。

- 无差异性：就是说可以不考虑市场中存在的差异性，活动策划只需要考虑大部分人的需求，不需要满足其他大众的不同需求。此类营销技巧的目的就是快速地在人们心中留下深刻的品牌印象。这种营销方式在活动中还是运用得比较多的，下面是它的优劣势对比分析，可供活动策划者参考，如图 5-30 所示。

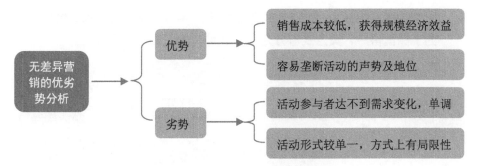

图 5-30 无差异营销的优劣势分析

- 差异性：差异营销刚好与无差异营销相反，活动策划者可以针对目标市场设计好相应的营销方案，根据活动市场的差异性来增加销售量。而差异营销的优点在于可以灵活转变类型和树立活动品牌形象；缺点在于目标市场数量多不便于管理，宣传费用也会增加。
- 召集性：召集指的是把所有力量集中在一起，对于消费者要求的特殊服务更好地给予满足，它的优劣势分析如图 5-31 所示。

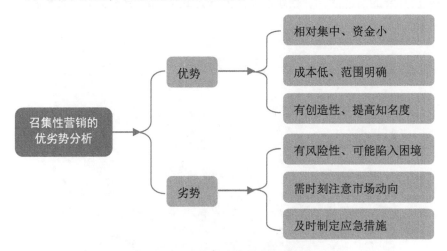

图 5-31 召集性营销的优劣势分析

2．市场营销的具体计划

选择目标市场之后，就可以制订市场营销计划了，那么应该怎样制订计划呢？以下是几个需要注意的方面。

（1）确定营销组合：活动，从根本而言，它具有服务性质，因此也可以说服务营销组合完全相互贯通，而服务营销包括了忠诚度、对客户的概况等，以下是相关分析。

- 客户的概况：从这一方面分析就是对客户关系一个处理，很多营销的目的是为了保留客户，其方式可分为以下 3 种，如图 5-32 所示。

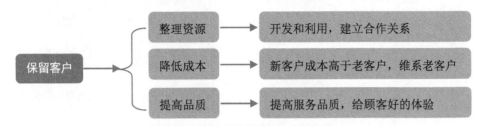

图 5-32 保留客户的方式分析

- 忠诚度：商家与顾客建立起信任，顾客充分相信商家，这也就是忠诚度了。忠诚度在营销活动中的最大作用就是可以对企业形成好的效应，比如顾客之间的相互推荐，这样就能提高盈利。

(2) 创意是关键：在营销活动中，创意是其中的一大关键点，它能将企业中的自身优势通过一种新颖的方式在竞争中脱颖而出，如图 5-33 所示是某品牌服装店以劳动节为契机开展的营销活动，新颖的动漫海报方式给活动增添了不少人气。

图 5-33 有创意的营销活动

(3) 执行计划：每一份计划制订之后都需要落实，至于怎样落实到具体的人员以及部门，需要活动组织者根据实际情况和计划要求进行合理安排，每一个工作人员在活动进行前必须要明确自身的职责。除此之外，还需要安排一个活动现场把控人员，确保可以掌控现场情况，保证活动在实施过程中得到严格控制，达到活动的目标。在实施计划时,组织活动有 4 个标准需要达到,如图 5-34 所示。

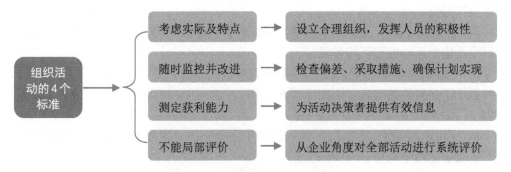

图 5-34　组织活动的 4 个标准

5.4.2　营销方式,增忠诚度

从活动营销的意义来说,活动营销的目的就是为了吸引关注度、提升品牌的影响力和增加消费者的忠诚度,下面进行详细了解。

1. 以活动形象进行定位

在活动进行之前,可以先对其进行一个相关定位,目的是在消费者心里占据一个独特的位置。以下是对活动形象定位的几个具体目标。

(1) 获得较好的发展趋势:活动通过宣传品牌形象、扩大影响力,从而引起大众的兴趣,获得大众喜爱,树立良好形象。如图 5-35 所示的是宣传某品牌。

图 5-35　宣传品牌形象的活动

(2) 让内部得到健康发展:在外树立好的形象对公司内部也有着重大作用,比如说对员工可以起到监督作用,员工的工作质量也会因此得到提高,还可以增强团队的凝聚力。

（3）便于吸引人才：活动的形象宣传为吸引人才打下了坚实的基础，并且还能增加大众的好感。

（4）提高知名度：对于活动来说，形象宣传是以活动的自身优势为主，因此在某种程度上也为活动提高了知名度。

（5）实现差异营销：活动通过定位快速地在大众心中占据一个有效位置，还可以因此奠定了拉赞助的基础，如图5-36所示。且能和其他相似的活动区分，实现差异营销。

从活动定位的意义上来说，抛开活动形象而言，还需要对活动进行其他有效定位，主要包括以下几种。

（1）根据特色定位：特色是每场活动的点睛之处，用特色来定位活动，可以吸引大众和赞助商，并且为他们带去利益，如图5-37所示。

图 5-36　品牌赞助的乒乓球锦标赛活动　　　图 5-37　元宵节的民俗表演活动

（2）利用优势定位：利用优势定位的目的在于活动的宣传，让大众可以充分了解产品，并且产生信任，还能帮助消费者解除疑虑。

（3）运用功能定位：此类方法一般运用得比较少，除非是活动有特别突出的功能时才能加以运用。

（4）运用理念定位：理念通常都是企业和品牌的一个核心价值观，比较多的就是直接体现在活动主题中，这样定位的优点在于可以培养活动全体成员的共同价值观，同时也能得到大众的理解与支持。

（5）运用逆向思维定位：逆向思维，通常就是我们说的换种思考方式，反着来也许会有新的看法，比如说在节假日期间店铺都以色彩缤纷的装饰为主，为此烘托节日气氛，但如果在整条街上有家以简约风为主的店铺，那么它肯定能在所有店铺中脱颖而出。例如，如图5-38所示是某品牌公司的活动宣传广告，一般搞活动都是以直观视觉为主，而此类活动的宣传方式则是通过逆向观看的视觉体验来吸引大众的好奇心。

图 5-38 逆向思维的活动宣传

(6) 运用利益定位：将活动所带来的利益直接呈现，且以此作为活动内容。

2. 用分销渠道有效转移

分销，是销售渠道中的一种方式，主要是将产品可以通过多种渠道合理地转移。以下是关于分销策略的几种方式。

(1) 直接分销：成本低、便于物品交换、信息反应迅速。
(2) 间接分销：集中力量，提高销售专业水平。
(3) 短渠道分销：时间短，依靠主题吸引受众。
(4) 长渠道分销：便于克服文化和地理障碍。
(5) 窄渠道分销：保证活动质量，提高产品信誉。
(6) 宽渠道分销：扩大销售量，方便进一步渗透市场。

5.4.3 根据标准，划分类型

活动营销的目的是为了获得更大的利益，因此活动策划者在策划活动时也可以此为依据用不同的标准进行分类。

1. 内部营销的核心理念

内部营销的观念起源于 20 世纪 80 年代初。活动除了有对外的市场，还有着一个内部市场，而在这个内部市场的主体就是企业的员工，这也为营销发展提供了一种新的思路。内部营销的理念是以培养出具备顾客意识的员工作为核心，让员工都能了解到活动中的各项内容以及熟悉产品，这样才能在面对外部市场时，将内部营销与外部营销结合在一起，有利于活动更好地开展。例如，如图 5-39 所示，在活动开展前某公司的产品经理给工作人员做相关培训。

2. 媒体营销的传播影响

在现今社会，媒体已是一种普遍的存在了，很多企业和品牌也都会利用媒体来进行活动的宣传。媒体有种类多、传播广和时效快等特点，所以媒体在活动中还有着重大作用，运用媒体提升活动的影响力也不失为一个好的选择，如图5-40所示。

图 5-39 产品经理培训员工

图 5-40 利用媒体进行宣传

3. 供应商营销的相互合作

活动即便策划得再完美，但在组织过程中也不可能提供所有的服务项目。在这种情况下，很多企业和品牌都会选择一些外包服务，这也就是我们说的供应商营销了。而这种服务的内容是非常广泛的，所涉及的供应商也是方方面面，比如说保安公司、酒店、交通运输公司等。另外在进行活动策划时，为了扩大影响力，可以选择一些知名服务供应商加盟，如图5-41所示。

图 5-41 供应商合作加盟

4. 政府营销的支持作用

如果活动能得到政府的支持那就再好不过了，毕竟政府的支持可以对活动起到推动作用，还能带动经济发展，并且还能吸引其他的外部投资。

例如，如图 5-42 所示的是在成都举办的公益徒步活动，这也是政府营销最具代表性的活动，堪称商业运作的典范，因为公益活动的举办让一系列企业的资金链得到了快速增长，还迅速推动了其他行业的经济发展。

图 5-42　公益徒步活动

第 6 章

掌握要点，策划核心

学前提示　活动策划除了活动的目的、活动的主题是需要活动策划者仔细考虑之外，还需要掌握活动时间的选择、地点的选择、宣传方式以及比较紧密的流程，才能策划出一个好的活动。本章节就将讲述活动策划的核心内容。

要点展示
- ▶ 核心部分，时间选择
- ▶ 地点选择，吸引受众
- ▶ 宣传方式，提高效率
- ▶ 制定流程，贯穿活动
- ▶ 活动收尾，完美落幕

6.1 核心部分，时间选择

对于活动策划来说，时间是比较核心的一个部分，时间选择的合适程度能决定活动策划的成功概率。下面就来进一步了解在活动策划中时间的选择方法。

6.1.1 时间恰当，效果加倍

对于活动策划来说，时间具有非常大的作用：若时间选择不恰当，则会影响活动的举办效果；若时间选择恰当，则会成为促进活动成功的利器，具体分析如图 6-1 所示。

图 6-1 活动策划中时间选择的作用

例如，活动时间安排在工作日的晚上，第二天出席者多要上早班，则会出现出席者逗留时间短的情况。活动时间太短，则很难在出席者心中产生深刻的印象，活动效果也会不佳。

而且在策划活动的过程中，总会遇到各种各样的问题，例如，难找到合适的活动场地、难以联系合适的娱乐节目等。解决问题需要时间，由此，活动策划团队需要将活动策划时间整体性地计算出来，避免出现时间不够用的状况。

活动策划团队在计算活动时间时，需要考虑以下 3 个问题：
- 确定从策划→布置→举办活动的整体时间；
- 计算每个活动项目需要花费的时间；
- 解决已知问题所要花费的时间。

6.1.2 预留时间，做好准备

在活动策划中，需要预留一部分的时间来规避、检查活动整体准备情况，若发现问题也可用预留时间进行解决。一般来说，预留时间可为 1~3 天，在预留时间中，需要做以下两件事：一是活动策划团队要一一检查各部门的准备状况；二是了解各节目可执行能力，以及工作人员的状态。

一般来说，活动时间分为 3 个阶段，即活动准备时间、活动协调时间和活动开始与结束时间。这 3 个阶段都需要根据两个因素进行时间的选择，如图 6-2 所示为时间 3 阶段之间的关系与选择时间的两个因素。

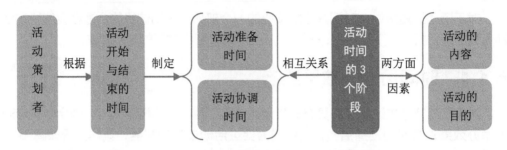

图 6-2　时间 3 阶段之间的关系与选择时间的两个因素

6.1.3　时间选择，结合实际

活动策划者在选择活动时间的过程中，所需要考虑的问题包括 4 个方面，即具体日期、具体时间、活动时长和预留时间。活动策划者在制定活动时间的过程中，所需要考虑的因素如表 6-1 所示。

表 6-1　选择时间所需要考虑的因素

因　素	具体内容
关于出席者	避开出席者工作日时间，最好选择星期五的晚上至星期天的下午的时间段
关于主讲人	若主讲人是公司高管，则需要考虑主讲人的时间安排表
关于天气	天气不好，会影响出席者、工作人员的心情，且对出行有所影响，很有可能会让出席者产生不出席活动的念头
关于高峰期	若在工作日进行活动，则需要避免在下班高峰期结束，如下午 16:30~17:00
居民生活习惯	开展时间不要太早或太晚，且历时不宜过长，一般控制在 1~2 个小时比较合适
注意风俗习惯	若主要出席者是外国人或者有宗教信仰的人，就需要注意他们所忌讳的数字，或者考虑是否与宗教信仰发生冲突
适当选择节日	活动最好能借助节日来烘托气氛，可是像春节这样的节日，大家都希望和家人在一起过年，若是在这样的节日举办活动，邀请到出席者有一定的难度

6.2 地点选择，吸引受众

地点是否合适能决定活动的效果，若在合适的地点进行活动，则活动效果会非常显著；若在不合适的地点进行活动，则活动效果会大打折扣。由此，在活动策划中地点也是成功的核心要素。

6.2.1 地点作用，展示活动

在活动策划中，地点是必不可少的一环，若没有这一环，那么活动就会无从下手，届时，再好的活动也不能给企业带来利益。因此，活动地点的选择是活动策划者需要重点考虑的要素。下面就来了解地点在活动策划中的作用，如图6-3所示。

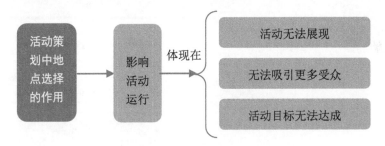

图6-3 地点在活动策划中的作用

6.2.2 根据活动，确定地点

活动策划者在进行活动地点的选择时，需要考虑的方面有很多，其中首要考虑的因素就是根据活动类型来选择地点，举例介绍如图6-4所示。

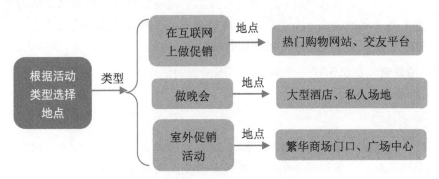

图6-4 根据活动类型来选择地点

活动策划者在选择活动地点时，还需要考虑成本问题。一般来说，活动策划者是根据企业接受范围内的预算资金选择地点。下面以 3 类活动为例，介绍根据预算资金选择地点需要考虑的问题，具体如图 6-5 所示。

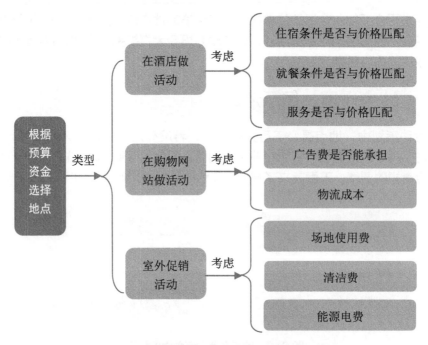

图 6-5 根据预算资金选择地点需要考虑的问题

此外，活动策划者在选择活动地点时，还需要考虑选址问题，应尽量选择交通便利、不太偏僻的地方作为活动地点。

专家提醒

活动策划者在选择地点时，千万不要随便选择，一定要从各方面进行考虑，务必要挑选出一个最合适活动的地点，还可以从地点的人流量、地点的地理位置等方面考虑地点的合适程度。

活动策划者若是选定了一个地点，不能松懈对地点的考量，还需要考虑其他方面的问题，如图 6-6 所示。

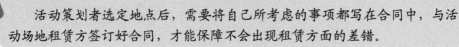
专家提醒

活动策划者选定地点后，需要将自己所考虑的事项都写在合同中，与活动场地租赁方签订好合同，才能保障不会出现租赁方面的差错。

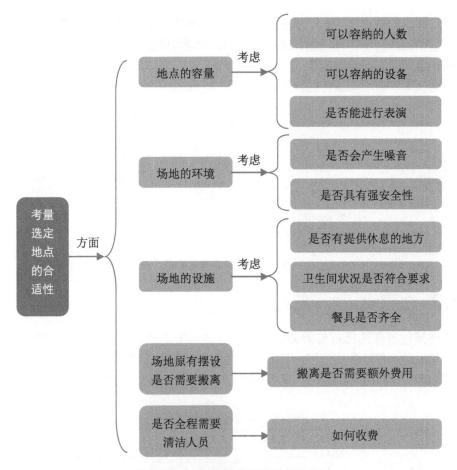

图6-6 选定地点时需要考虑的问题

6.3 宣传方式,提高效率

对于活动策划来说,活动的宣传方式是活动成功的"带领先驱",当宣传效应非常好时,活动成功率会大大的提高;若宣传效果不佳,那么活动效果必然不会太好。

6.3.1 宣传作用,达成目标

活动时间虽然有时候会延后结束,有时候又会提前开始,但它毕竟都有一个相对固定时间段,想要在这个固定的时间段内实现活动效益的最大化,就一定要在活动还没开始之前就开始着手前期准备工作,就如演唱会要提前售票,电视节目要提前预告一样,活动策划也同样需要提前宣传。

活动宣传的主要作用在于吸引人流量，让人们知晓企业活动的存在，只有这样才能提高活动的成功率。在活动策划书中也可以将活动宣传的手段讲述出来，能增加被企业管理者同意实行的可能性。

下面就来了解活动宣传的作用，如图 6-7 所示。

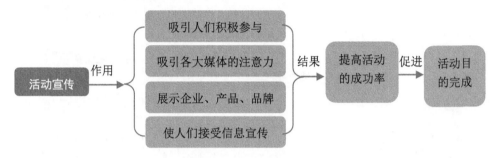

图 6-7　活动宣传的作用

6.3.2　宣传渠道，嵌入特色

活动策划者在选择宣传渠道时，需要考虑其渠道是否能为活动带来最大化的效果，不然活动宣传就会变成了一种又"烧钱"又"无用"的活动策划策略了。由此，活动策划者在选择宣传渠道时，需要考虑 3 个问题，如图 6-8 所示。

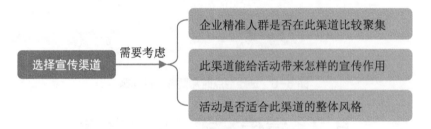

图 6-8　选择宣传渠道需要考虑的问题

活动策划者在选择活动宣传策略时，需要在宣传策略中嵌入 6 大特色，才会具有吸引人们注意力的作用，如下所示。

- 宣传主题需鲜明：将活动的主题表达出来；
- 宣传广告需有新意：需要创新力的内容；
- 宣传广告需娱乐化：可有幽默风趣的内容；
- 宣传广告需真实：说明举办方；
- 宣传广告需刺激：用优惠刺激消费者的兴趣；
- 宣传广告需简单：简要讲明活动内容。

6.3.3 宣传方式，择优选精

活动的宣传方式多种多样，活动策划者若想在众多的宣传方式中选出一个最合适活动的方式，则需要从 3 个方面考虑，如图 6-9 所示。

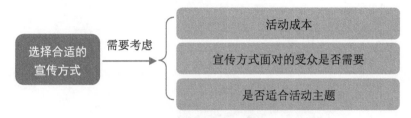

图 6-9 选择宣传方式需要考虑的 3 个方面

除此之外，活动策划者还需要对活动宣传方式有一定的了解，才能从客观上进行选择，下面就来了解活动宣传的常见方式。

1. 利用微信朋友圈

有不少的活动策划者，愿意将活动放到微信朋友圈中进行宣传，这样的做法既能节省一定的成本，又能将自己的朋友都利用起来，产生一定的口碑效应，如图 6-10 所示。

图 6-10 微信朋友圈宣传

2. 借助互联网载体

一般热门互联网载体指的是像微博、微信、QQ、淘宝网、京东网等网民们喜欢逗留的地方。活动策划者可以将活动宣传广告投送到这些载体上，这样比较容易获得人流量。

例如，淘宝网、京东网这类的购物网站，就需要花费一些广告费用。广告投放的位置不同，收取费用的方式与价钱也不同，活动策划者需要根据活动成本来进行选择，如图6-11所示。

图6-11 淘宝网的广告

而像微博、微信、QQ这样的社交软件，投放宣传广告有两种方式，具体如下。
- 付费投放。
- 免费投放。

对于那些成本比较紧张的企业来说，免费投放比较实用。在每个社交软件中，投放地点也不一样，下面就以QQ为例，如图6-12所示。

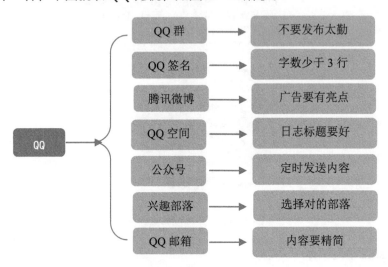

图6-12 QQ宣传广告的免费投放地

对于那些资金比较宽裕的企业，可以选择淘宝网、京东这样购物聚集地来宣传促销类的活动，如图 6-13 所示。

图 6-13 京东首页的付费广告

3．派发详情宣传单

活动策划者可以通过市场调查，了解哪个地方的人流量比较多且企业目标客户比较多，则可以在此地派发宣传单，而派发宣传单的时间最好避开工作日，在上午 9:10～11:00 点和下午 3:00～4:30 的时间段内发传单，其效果会比较好。

需要注意的是，在宣传单上一定要有 6 大要素，这样才能方便人们了解活动、对活动产生兴趣，其中包括活动时间、活动地点、活动主题、活动内容、活动优惠和活动举办方。

6.4 制定流程，贯穿活动

活动流程是否合理、精密，能影响整个活动在执行过程的运行度，下面就来了解活动策划流程是如何制定的。

6.4.1 活动原则，符合性质

活动策划者在制定活动流程时，千万不能随意将一些毫无关系的流程环节拼凑在一起。这样的活动策划书定然不会被采纳。

下面就来了解制定活动流程时需要掌握的 4 要点，如图 6-14 所示。

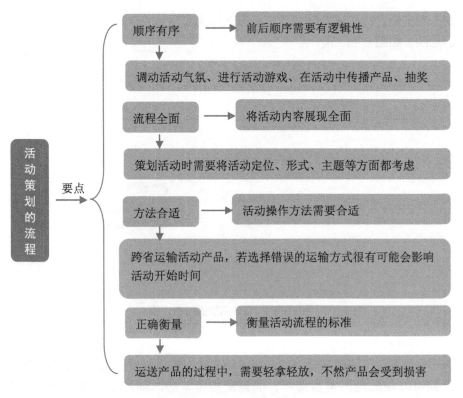

图 6-14　活动流程 4 要点

6.4.2　策划流程，整体为主

这里讲的活动策划流程，不单是指活动执行流程，还包括活动策划整体流程。将整个活动从策划到执行都结合在一起，才能策划出一个容易引人注意的活动。下面就来了解活动策划者在策划活动整体流程时需要考虑的要素。

1. 活动定位

活动定位包括活动目的和活动氛围，相关分析如图 6-15 所示。

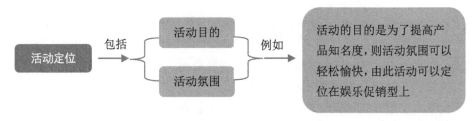

图 6-15　活动定位的相关分析

2. 活动形式

活动形式要根据产品类型来考虑，相关分析如图 6-16 所示。

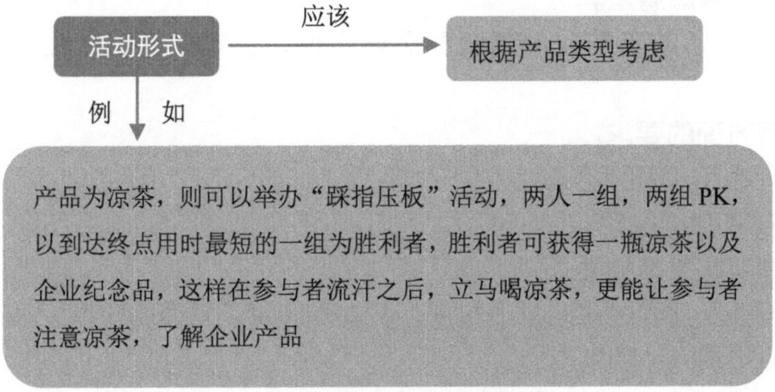

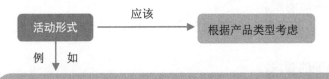

活动形式
应该
根据产品类型考虑
例 如
产品为凉茶，则可以举办“踩指压板”活动，两人一组，两组 PK，以到达终点用时最短的一组为胜利者，胜利者可获得一瓶凉茶以及企业纪念品，这样在参与者流汗之后，立马喝凉茶，更能让参与者注意凉茶，了解企业产品

图 6-16　活动形式的相关分析

3. 活动主题

活动主题要根据活动形式来决定，相关分析如图 6-17 所示。

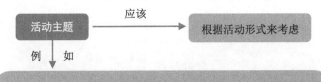

活动主题
应该
根据活动形式来考虑
例 如
由于是两人一组的游戏，那么就可以促进朋友之间关系为主题，来吸引人们的注意力，特别是对情侣非常有效果，既能让情侣拿到礼品，又能给情侣留下甜蜜的回忆，对于情侣来说，是非常有吸引力的

图 6-17　活动主题的相关分析

4. 活动细化

活动细化指的是对活动游戏的规则进行制定等工作，相关分析如图 6-18 所示。

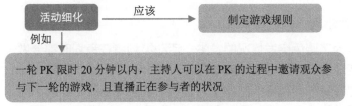

活动细化
应该
制定游戏规则
例如
一轮 PK 限时 20 分钟以内，主持人可以在 PK 的过程中邀请观众参与下一轮的游戏，且直播正在参与者的状况

图 6-18　活动细化的相关分析

5. 工作安排

活动整体的工作安排十分重要，它需要将活动的时间、地点、参与人群、准备、宣传等各方面都考虑清楚。

除此之外，活动工作人员的调配需要合理，且需要让他们注意 4 个方面的要求：

- 衣着方面的要求。
- 行为举止方面的要求。
- 礼节方面的要求。
- 处事风格方面的要求。

在人员调配上需要注意的事项包括：从实际出发、从真实出发、从科学出发、可操作性强、具有前瞻性和吸引力。

6. 宣传口号

宣传口号是活动中必不可少的部分，一般根据活动主题来决定宣传口号。如图 6-19 所示的是某汽车品牌的新春活动宣传口号"迎春百万礼，情耀百得利"，其中口号与主题相对应，也是为活动增添了点睛之笔。

图 6-19 宣传口号的相关分析

7. 应对意外

很多时候为了避免突发情况的发生，活动策划者在策划时都会做一份活动备案，以此来应对活动当天可能出现的突发情况。

例如，总方案的活动场地是在室外，考虑到活动当天可能会下雨，则可在备份方案中将活动场地改成室内或者是在室外加一个雨棚，如图 6-20 所示。

图 6-20　活动现场搭建雨棚

6.5　活动尾声，完美落幕

活动执行后，并不表示与活动相关的工作已全部结束，只有做好后续的相关工作，才有利于大家了解活动，认识到活动的具体成果。

6.5.1　活动清场，做好善后

在活动的策划与执行中，活动结束并不表示活动策划者的所有工作都已经做完了，因为此时他们还需要进行清场收尾工作。所谓"清场"，指的是清点现场，清退所有在活动现场的人员。所谓"收尾"，即做完活动的最后部分工作。下面就将从 4 个方面来进行相关分析。

1. 疏散人群

这里的"人群"，主要是指参与活动的嘉宾和受众。那么，对于这类人群，活动策划者应该如何合理地进行疏散呢？其实，与活动入场有着类似之处，它也要求活动策划者安排好退场秩序和退场方式等。

(1) 退场秩序。

活动策划者应该在活动将要结束时就做好嘉宾和受众退场的准备工作，安排相应人员引导他们退场。对一些重要的嘉宾和受众，活动举办方和活动策划者还应该予以特别关照，提升他们参与活动的体验，为活动的后续宣传工作和树立口碑奠定基础。

特别是在促销活动中，对于那些大订单受众和有实力的潜在目标受众，应该在建立好联系的基础上，再一次承诺好产品订单，并做好送客工作，以便让受众第二次、第三次回购。

(2) 退场方式。

在疏散人群时，还有一项工作也要做好，那就是安排好受众退场的方式，特别是当活动现场处于交通不太便利的地方时，更要安排好车辆、司机和班次，让活动参与者能轻松、有序地离场。

如图 6-21 所示，受众在工作人员的安排下有序退场，虽然人数众多，但因为有序的退场方式，避免了因拥挤而造成事故发生的可能。

图 6-21　受众有序地排队离场

2．清点物料

活动结束后的清点物料，主要是指对需要回收的物料进行清点。从物料类型来说，包括搭建活动现场的物料和活动物料。前者如 LED 显示屏、舞台设备、音响等，后者如抽奖箱、抽奖券、礼品等。其实，活动物料有很多，但从其作用来看，主要包括 4 类，具体分析如图 6-22 所示。

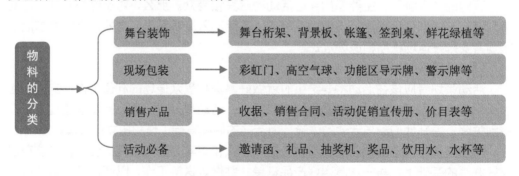

图 6-22　活动物料的分类

那么，在清点物料时，活动策划者应该从哪些方面着手呢？一般说来，应该包括

3个方面，具体如图 6-23 所示。

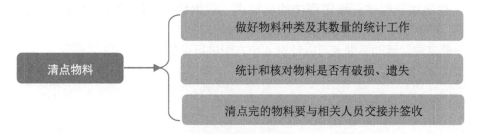

图 6-23　清点物料应该做好的 3 个方面的工作

3．清理垃圾

在活动策划与执行工作中，除了对需要回收的物料进行清点以免遗失外，还应该对不需要回收的物料进行清理，作为垃圾运到相应的地方，确保活动现场结束后干净整洁，不能留下一片狼藉。在清理活动现场垃圾时，活动策划者要注意把握时间，因为活动场地的使用有时间限制，它要求必须在一定时间内撤场。因此，在清点完需要回收的物料后，则需要立刻进行垃圾清理，快速离场。对活动举办方和活动策划者来说，还应该与活动场地的所有者做好交接工作，核对无误后回收押金。

4．清退人员

活动现场的人员除了活动受众外，还包括活动相关工作人员。对这些人员，也应该做好清退工作。换句话说，对外聘的人员应该按照规定结算好工资后清场，对非外聘人员也应该按照规定让其做好善后工作，如工作证件的回收、出入证的回收等。

特别是一些在异地举办的活动，活动策划者应该在撤离时清点活动相关工作人员，以免发生部分或个别人员被留在活动现场的情况。

6.5.2　做出总结，累积经验

完成活动现场的相关清场收尾工作后，活动的执行暂时告一段落。但是对于整个活动的成果，活动策划者和活动举办方都会迫切希望有一个定论，以便衡量活动是否成功。此时就需要对活动进行总结复盘。

关于活动的总结复盘，它其实是一项既能衡量活动成功与否，又能为后续活动提供参考的工作，需要得到活动策划者的注意和重视。

1．获得评价

活动结束之后，最好是制作一个评估调查问卷，向员工、参与活动的媒体投放，了解他们对活动的满意度，以便为后面的活动策划提供思路。

活动策划者在制作评估调查问卷时，需要明确两个内容，即评估的目的和评估的内容。活动策划者需要根据评估目的确定评估内容，常见的就是对整个活动进行评估，找出活动整体开展过程中的优缺点，积累经验，以便让以后的活动策划更加完善。

一般来说，活动策划者可以针对 4 个方面进行评估，如图 6-24 所示。

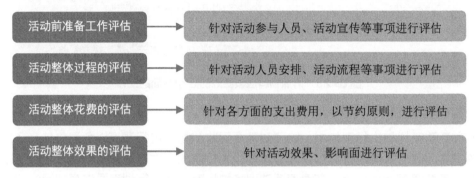

图 6-24　进行评估的 4 个方面

以某产品新品发布会为例，针对活动整体效果来制作一个简单的评估调查问卷进行评估，其中评估调查问卷可以从 4 个方面进行调查，包括直接询问是否对活动整体满意、对产品是否有不同的意见、对活动节目是否满意和活动内容是否记住。

2．开展会议

活动结束后，除了要收集来宾的感受评价外，一般来说，活动组织者还会召集相关人员对活动进行总结。这样的召集活动可大可小，当然，场地和性质也可以不同——既可以是类似于庆功会的晚会，也可以是全程发言式的会议。

但是，无论是什么性质和规模的活动总结会，都离不开两个方面的内容，即对相关人员的奖惩、对活动相关事项进行总结和对复盘，具体分析如下。

(1) 对相关人员的奖惩。

在具体的活动策划和执行过程中，活动团队中个人和小组的表现肯定会存在着一些差别，因此，有必要对其中有突出表现的个人和小组进行表扬，鼓励他们再接再厉；对一些表现不好的个人和小组可以做出简单批评，希望他们在以后的工作中加以改进。这样的话，才能充分调动活动团队的工作积极性，同时也有利于帮助大家取得进步。

(2) 对活动相关事项进行总结。

一个完整的活动，往往是由多个流程组合而成，每个流程都有其要完成的事项。对这些事项，在活动总结会上有必要进行讨论和总结，让大家充分发表意见，一起找出问题和解决办法，同时总结好的经验，为以后活动的策划和执行提供借鉴。

一般来说，对活动相关事项进行总结，应该包括以下几项内容，如图 6-25 所示。

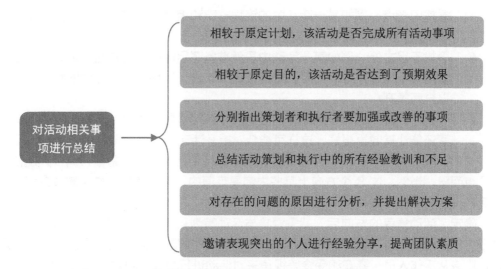

图6-25 对活动相关事项进行总结的内容分析

活动策划者和执行者要注意的是，活动总结会的各项数据和结果都是基于活动的整体效果而言的，只是对活动作出的粗略评价。要想更深入地了解活动的结果，还需要对活动相关事项进行更详细的评估。例如，可以了解活动花费的成本和成功签单的营销额，至于更加具体的数据，如每一家门店的销售额、活动的各个方面的成本以及更加细化的一些数据等，这些将会由后续的评估来进行解答。

当然，在活动总结会上让活动相关人员充分发言，并不是让大家推诿责任，把活动中存在的问题和产生不足的原因推给对方，而是需要活动相关人员从自身角度出发，进行深入沟通，不断地找出活动中的问题和不足之处。特别是对存在争议的问题，需要清楚地知晓问题到底出在哪？是策划时考虑不足，还是活动执行过程中不到位，抑或是双方沟通和理解上存在差异？然后逐一解决，为日后开展相关活动能更加到位和取得更满意的效果提供指导思想。

3. 活动复盘

从某些意义来看，复盘的内涵大于总结。对活动进行复盘推演，有助于活动策划者和运营者发现难以注意到或是容易被忽略的细节问题，可以及时地更新活动策划者和运营者的活动处理经验，增强技能。

可见，活动复盘与上述内容中对活动相关事项进行总结存在不同：对活动相关事项进行总结，重在从整体上来总结，重视综合评价；而活动复盘重在从细节上来把控，一步步、一项项还原活动，从中寻找经验和问题，为下次活动总结经验。

那么，在对活动进行复盘时，应该如何找准复盘的方向，以便做好复盘工作呢？具体说来，其方向有3个，如下所示。

- 寻找闪光点，例如某一活动中的流程框架和相互合作做得很好，就应该让其得以延续下去，在日后活动中能继续利用；
- 寻找不足之处，例如某一活动中虽然准备了足够的宣传素材，但是前期宣传做得并不好，效果不理想，就应该进行改进，以便让日后活动的宣传效果得以全面提升；
- 寻找可提升的环节，例如虽然活动展示海报看着还不错，但加上一些创意元素还能让其效果更好，这样可能会对提升活动的整体效果产生影响。

其实，复盘的 3 个方向也是活动相关事项总结和活动评估的重要方向，只是各有侧重点而已。当然，这 3 个方向上某些内容是互通的，可以在其工作中搬过来使用，从而减少一些工作。

确定了活动复盘的方向后，就需要参与活动策划和执行的所有相关人员加入进来进行讨论，做到 360 度无死角复盘。此时就需要了解活动复盘的各个视角，也就是说，应该从工作人员、嘉宾和受众等视角来对活动进行复盘，具体如图 6-26 所示。

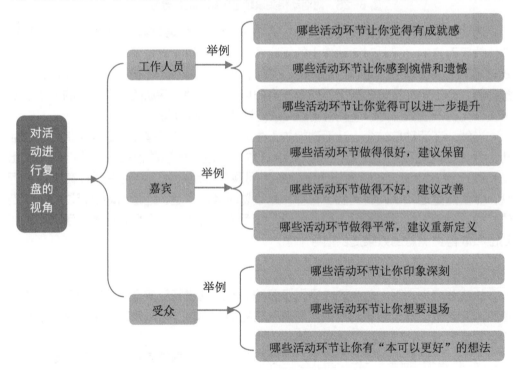

图 6-26 对活动进行复盘的视角分析

4. 评估效果

活动评估，即对活动的相关数据和情况进行调查与分析，对活动进行总体评价的过程。对活动策划者和执行者来说，做好活动评估，可以有着众多作用，如积累活动经验、减少活动过程中可能产生的浪费等。通过这些工作，最终实现活动举办方和活动参与方的效益的最大化。

在前文中曾介绍过活动举办的根本目的，既可以是宣传，也可以是盈利。其实，活动效果评估就是围绕活动根本目的而展开的评估。从内容上来看，活动的效果评估主要包括3个方面，具体分析如下。

(1) 活动预期目标是否达成。

对活动的发起方来说，他们所关注的是活动是否能达成预期目标。也就是说，如果是以宣传为目的的活动，活动发起方会对活动的关注和参与人数、传播范围和转化效果等进行评估。如果是以盈利为目的的活动，活动发起方会对活动的参与人数、活动成交额和销售额等进行评估。

关于活动预期目标是否达成评估，笔者认为有两个数值不可忽视，那就是冲高回落值和活动受众增长率。这两个数据对于评估活动结果特别是以宣传为目的的活动结果非常重要。

冲高回落值，此处的冲高回落值引用的是股票的已有概念，其在股票市场上的具体含义如下：

- "冲高"，是指分时图上的当天的股票价格，突然向上无限量的飙升，达到一个峰值。
- "回落"，是指分时图上的当天股票价格，在达到峰值后又突然在有成交量的情况下下跌，其上涨趋势回缓。

被引用到活动评估中后，冲高回落值是针对整个活动来说的，而不是针对某一时的活动来说的。且计算的内容大多与受众数量有关。其计算公式为：

$$冲高回落值 = \frac{活动结果数据 - 活动开始数据}{活动峰值数据} \times 100\%$$

利用这一公式计算出来的冲高回落值结果，是判断活动效果好坏的重要依据，具体内容如下：

- 如果其数值非常低，表示活动的效果就不好。
- 如果其数值为负数，表示活动起了反作用。
- 如果其数值比较高，表示活动的效果非常好。

冲高回落值计算公式中的"活动结果数据"和"活动开始数据"不是可以任意选择的，它一般是受众的行为处于稳定状态下的数据。

在对活动进行评估的过程中，除了冲高回落值外，还有一个重要的指标，那就是活动受众增长率。这一数值可以有效评估活动的长期效果。其计算公式为：

$$活动受众增长率 = \frac{活动结果数据 - 活动开始数据}{活动开始数据} \times 100\% - 自然增长率$$

在这一公式中,"自然增长率"指的是没有进行活动运营时的受众增长率。

利用这一公式计算出来的活动受众增长率,也是判断活动效果和效率高低的重要依据,特别是在活动对受众的引流方面,通过这一数据可以轻松得出结果。具体分析如下。

- 如果其数值非常低,表示通过活动转化来的受众数量,几乎没有什么增长,活动效率低,活动效果不好;
- 如果其数值为负数,表示通过活动不仅没有促进受众增长,反而在原有的受众增长上有所退步,活动出现了反向结果;
- 如果其数值比较高,表示活动转化而来的受众数量高,活动效率高,活动效果好。

(2) 策划和执行时是否能保证活动的质量。

就活动本身而言,活动在策划和执行时是否能保证活动质量是评估的主要内容。特别在活动执行过程中,有时尽管活动策划中考虑周到,仍然会因为意外情况无法保证活动圆满完成或根本无法再进行下去,那么活动效果评估必然不太理想。

可见,就活动本身而言,活动质量方面的评估主要取决于两个方面,具体分析如图 6-27 所示。

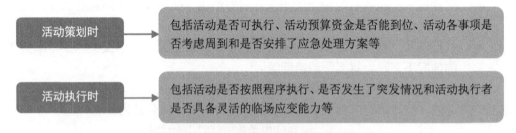

图 6-27　影响活动质量评估的两个方面

(3) 受众对所参与的活动是否感到满意。

从活动受众方面来看,他们对所参与的活动构成了活动效果评估的一项重要内容。因为受众既是活动的目标人群,也是让活动能全面开展起来的人气支撑。而且受众对活动是否满意,是活动效果比较直接的反映。只有有着如此重要作用的受众感到满意了,才能保证活动的效果会比较理想。

5. 评估影响

关于活动的影响力评估,人们首先想到的可能就是那些大型活动对社会、政治和经济所产生的巨大影响力,如体育盛会、大型公益活动和国家年度晚会活动等。其实,无论是什么规模的活动,它都能产生一定的影响力,只是影响的波及范围和程度有所不同而已。

一般而言，活动的影响力，从与活动相关的主体及宣传媒体来看，主要可从以下4个方面来进行评估。

(1) 活动发起方。

对活动发起方来说，活动的影响存在巨大差异：有些活动只能影响一时，有些活动的影响可能会一直延续下去。特别是一些旨在提升品牌知名度和树立品牌形象的活动，其影响力可能一直伴随着品牌的成长与发展。

例如，如图6-28所示为"一叶子"品牌赞助活动，随着节目和活动的影响加大，品牌方的知名度和品牌形象自然而然也会得到提升。随着《火星情报局》这一款综艺节目的不断推出，其品牌赞助商之一的"一叶子"，借助《火星情报局》所拥有的国民喜爱度和强大的粉丝基础，不断刷新其存在感。

图 6-28　"一叶子"《火星情报局》品牌赞助活动

(2) 活动受众。

对活动受众来说，在活动评估中，很多方面都需要考虑到，如上文中的活动效果评估，还有此处要介绍的活动的影响力评估，都会有活动受众的存在。那么，从活动受众的影响力方面来看，主要表现在哪呢？

一般来说，活动对受众的影响力表现形式多样，例如，营销类活动对受众的影响是让他们认识品牌、购买需要的产品。如果是长期使用的产品，可能这种影响力将会非常持久。又如，娱乐类活动对受众的影响主要是在精神层面上——让受众感到愉悦，有时还伴随着娱乐文化的熏陶。

(3) 工作人员。

对工作人员来说，其影响力包括对内和对外两个方面，如图6-29所示。

(4) 宣传媒体。

对宣传媒体来说，知名的、大型的、好评如潮的活动的影响力非常庞大。这种影响力可以划分层次，不仅能通过最初的活动信息的传播产生宣传效果，还能通过这些活动信息产生二次转播，从而让影响力成倍增加。

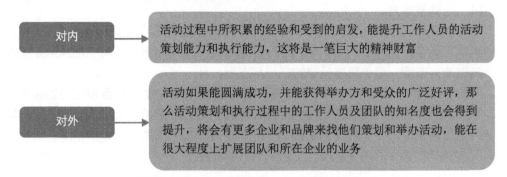

图6-29 工作人员方面的活动影响力评估

6．成本评估

要开展一场活动，则需要花费较多的成本，就以游戏为例，其成本就包括物料、设计、开发和经营维护等。一般来说，对活动的成本进行评估，需要关注两个方面，一是活动成本与活动预算的比较，二是活动成本与活动营销额、活动效果的比较。

从活动成本与活动预算的比较来看，如果评估结果超出预算太多，那么就需要活动策划者和活动执行者仔细分析，找出原因所在，并对多出预算的部分成本(物价和其他不可抗成本除外)进行分析。以下是对进行活动效果与价值评估的内容分析：

- 当超出部分的成本所创造出的价值和产生的活动效果对企业和品牌能产生足够的积极影响，那么这一部分成本是值得的。
- 如果超出部分的成本所创造的价值和产生的活动效果很小，或者几乎等于无，那么这一部分成本便认为是浪费。

从活动成本与活动营销额、活动效果的比较来看，基于"付出什么"也许就会"得到什么"的观点，不管是预算内的成本还是预算外的成本，每一分钱都应该有其价值，否则活动的成本评估结果就不理想。

在活动策划和执行过程中，相关人员也不可完全基于节约成本的目的来开展活动，而是应该把活动的预算和成本控制在一个合理的范围之内，否则，因为想要节约成本而在人力、物料和设备等方面进行不合理缩减，最终会影响活动效果。

因为活动已经举办了，也花费了一定成本，结果因为节约小部分成本而影响了整体的活动效果，就得不偿失了。

7．时间评估

与成本评估需要基于预算一样，时间评估也要基于活动策划过程中的时间安排表来进行评估。而且，要注意的是，无论是成本评估相较于活动预算，还是时间评估相较于时间安排表，都有可能存在一定的差异，无法完全与策划阶段保持一致。

基于此，对活动的时间进行评估，需要根据具体情况来完成。一方面需要了解活动时间与时间安排表之间的差距，是否在合理的范围之内。另外，还需要认真对待活动时间与策划阶段的活动时间安排表之间存在的差距问题。那么，具体应该如何对待其中存在的问题呢？具体如图6-30所示。

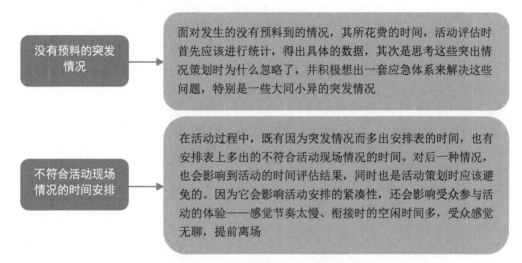

图6-30 分析活动时间差距问题

6.5.3 评估活动，资料存档

完成活动的清场收尾、总结复盘和评估后，接下来就是活动结束后续工作的最后一个环节，那就是将与活动相关的资料进行整理并存档。对此，主要做两部分的工作，具体如下。

1. 撰写一份活动总结报告书存档

活动结束后，相关人员应该撰写一份活动总结报告书，陈述活动相关资料，用于存档，以备日后查询和了解。

一般而言，活动总结报告书的撰写是采取表格的形式，具体内容包括主办部门(单位)、活动名称、活动时间与地点、活动目的、活动内容、活动经费、活动完成情况和活动总结等，如图6-31所示。

2. 存档其他与活动相关的资料

在对活动资料进行存档时，除了活动总结报告书外，还应该包括其他与活动相关的资料。这里的"资料"，指的是活动策划、活动执行和活动评估等过程中涉及的所有有效资料。

			编号————
主办部门	▓▓▓生活部	活动名称	▓▓▓活动
活动对象	▓▓▓▓全体在校学生	时间、地点	▓年3月22日上午,▓▓▓门口
活动目的	本次活动旨在提高▓▓▓▓▓▓▓,让▓▓▓了解到▓▓▓现状,通过我们的宣传和倡导让▓▓▓意识到▓▓。使▓▓▓逐渐养成▓▓▓好习惯,形成▓▓▓▓风气,创造出▓▓▓▓氛围。		
活动内容	1. 通过宣传海报的形式向大家宣传▓▓▓,同时进行签名活动并向签名▓赠送书签。 2. 准备一个空展板和一些便利贴,鼓励大家写一些▓▓▓的标语或方法贴在展板上,让更多的人参与到这个活动中来,亲力亲为。 3. 活动期间组织▓▓▓▓▓▓▓张贴一些▓▓▓标志和▓倡议书。 4. 与新闻中心取得联系,在广播中宣传以"▓▓▓"为主题的相关▓▓知识。 5. 活动结束后,参与活动人员负责打扫活动现场卫生,维护好▓▓良好形象。		
经费预算	横幅两张　　　70(1张) 海报若干　　　80+30*7=290 书签　　　　　0.5*500=250 ▓▓标志　　　50 签名用笔　　　2*4=8 便利贴　　　　10 其它　　　　　22 总费用　70+290+8+10+22+250+50=700元		
实际经费使用情况			
活动完成情况	活动正常拉上帷幕,在一定程度很好▓▓▓▓▓,通过联谊签名让▓▓▓▓▓保护工作中。在活动结束当天,留下部分有纪念意义的宣传海报继续放在活动现场,让▓▓的意识深入▓▓▓的心里。		

图 6-31　某活动总结报告书的部分内容展示

例如,在活动策划阶段,活动策划者收集到的所有文字、图片和影像资料,这些都花费了一定时间和精力,不仅已被用到活动中,还有可能在日后的活动策划中用到,因此,也有必要存档,以免后期重复工作。

又如,在活动评估阶段,所有与活动效果有关的各种评估数据都是非常重要的,如媒体的发布、转载、评论等数据,这些都为活动的总结提供了客观的依据,是让人们具体了解活动效果的有效支撑。

第 7 章

了解文案，准确定位

学前提示　想要写好活动文案，就一定要学会掌握定位的方法和技巧。只有准确地了解产品、平台、用户、内容和特色之后，才能对你的对象有一个清楚的了解。除此之外，活动策划者还需要通过一些方式，对受众的需求进行调研。毕竟一个文案成功与否，在很大程度上来说取决于其是否满足了受众的需求。

要点展示

▶ 文案释义，做好定位

▶ 明确对象，定位内容

▶ 通过调研，探明需求

7.1 文案释义，做好定位

随着社会的不断发展，文案的应用越来越广泛，从事文案写作的人也在不断增多，那么，写文案都需要了解什么呢？本章将从活动文案的基本概念、内容构成、主要种类和价值体现等方面来帮大家先对活动文案做一个定位。

7.1.1 活动文案，基本概念

文案，在最初的意思就是指用于放书的桌子，后来泛指在桌子上写字的人。现在所说的文案就是用文字来表现创意，也指从事文字工作的人。

在实际的写作应用中，活动文案在内容上是"广告文案"的简称，由英文 copy writer 翻译而来。活动文案有广义和狭义的区别，如图 7-1 所示。

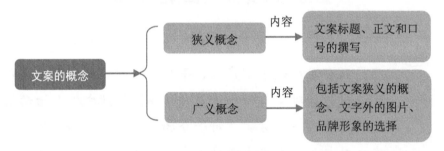

图 7-1 文案的概念

7.1.2 文案构成，图文为主

随着各行各业对于文案的重视，文案逐渐渗透多个行业，尤其是在活动领域中，发挥着越来越大的作用，成为宣传方式的主角。在文案的编写中，一般都会包含文字和图片，二者的形式虽然不同，但还是服务于同一个主题。

可能有人会问，那视频、音频内容呢？其实，在活动文案中，即使是视频、音频内容的推送，也包含了文字式的标题和图片式的封面。

因此，在撰写活动文案内容的时候，安排文字和图片时，必须让二者紧密结合，使其服务于同一主题。

图 7-2 所示为士力架的文案，其就是通过简洁的文字(一句"欲废饿货拳 唯有士力架")搭配精美的图片来突出没有力气使出的拳都是软绵绵的，但是，因为有了士力架，就可以补充体力，从而突出士力架食品的重要作用，帮助产品推广。

图 7-2 士力架的广告宣传文案

在实际的应用中，除了食品领域的这种表达推广用意的内容属于文案之外，还有很多其他方面与文案有着不可分割的关系，如产品相关内容、企业相关内容等。图 7-3 所示为某品牌运动鞋的宣传文案，可以看到在该文案中，就是通过"足"够凉，力够爽，来突出该运动鞋透气的特点。

图 7-3 某品牌运动鞋的宣传文案

活动平台根据行业需求的不同，创造了种类繁杂的文案类型，比如创意文案、品牌文案等。一个完整的文案是推广内容的文字化表现，主要由两个部分构成：标题和正文。下面针对活动文案的两个组成部分进行简单分析，主要是对各部分在文案中所起的作用进行认识，从而更加深入地了解文案本身。

1．标题

标题是活动文案的主题，在内容上往往也是推广的诉求重点，针对标题的相关分析如图 7-4 所示。

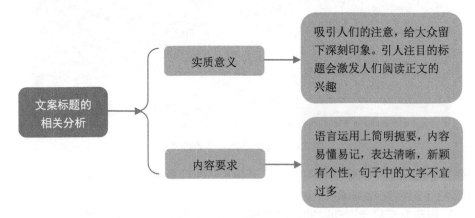

图 7-4　文案标题的相关分析

2．正文

对于任何行业而言，要想打败竞争对手，获得受众的认同，就不能没有品牌宣传和推广，而活动文案的正文就是宣传推广中最为直接有效的部分，具体分析如图 7-5 所示。

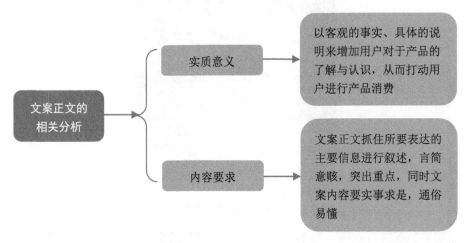

图 7-5　文案正文的相关分析

常规的活动文案包括标题和正文内容，但也有很多短文案只有一两句话。图 7-6 所示为面膜的短文案。

图 7-6　短文案

7.1.3　常见文案，3 大种类

对于企业推广商来说，试水文案营销能够迅速占领市场。从文案营销作用的角度来分类，常见的文案包括以下 3 大类。

1. 推广类文案

上文我们已经讲到，文案在推广优化上的威力不同凡响，尤其是一篇好的文案，它不仅能给商家带来非常多的外部链接，而且一旦被大量转载，那么一传十，十传百，效应简直不可限量。图 7-7 所示为某博主发表的微博内容，在其中我们可以看到博主给出的博客链接，这其实就是一种推广类文案。

图 7-7　推广类文案

一般来说，推广类文案主要包括以下几个形式：
(1) 站长在文案中推荐店址。
(2) 网店店主在文章中推荐店址。
(3) 从搜索引擎优化的角度出发，设计关键词的网页文本。
(4) 网页信函，大多数是一个域名只有一个网页的模式。
(5) 以 E-mail 方式投放销售信函或者海报。
(6) 在报纸杂志上直接介绍相关产品知识。

2．公众类文案

这是有助于企业或机构处理好内外公关关系，以及向公众传达企业各类信息的文案。例如，有的企业就是通过企业内刊来处理企业与员工之间的关系，一旦企业发生危机，就需要第一时间处理好企业与公众之间的关系。如 2018 年的滴滴女乘客被害事件，企业必须给公众一个交代。

图 7-8 所示为某企业的内刊，利用这类文案，可以向员工以及公众传递企业信息。

图 7-8　公众类文案

专家提醒

事实上公众性文案可以分为公关文案与新闻文案。公关文案就是企业或机构组织有助于塑造良好的组织形象，培养良好公众关系的新近事实的报道。这也就是公众性文案的目的所在。

3．品牌类文案

品牌类文案指有助于品牌建设，累积品牌资产的文案。品牌类文案塑造品牌形象，可能由内部撰写也有可能是用户对该产品品牌的使用体验。一般由企业主导，可以自己撰写也可以找人写，撰写的角度多有利于提升品牌知名度、联想度、美誉度及忠诚度，如图 7-9 所示。

图 7-9　品牌类文案

在品牌类文案中，最强大的莫过于故事的推广了。在笔者看来，品牌力离不开故事力，甚至故事力决定了品牌力。一个广告的好坏取决于文案的内容，一个品牌的传播自然离不开它核心的品牌价值，而要演绎品牌价值莫过于故事。由故事去传播品牌，传承品牌价值，从而创造传奇品牌。

7.1.4　文案价值，展现产品

在现代商业竞争中，精彩的文案往往能够让一个企业在众多的同类型公司中脱颖而出。文案是竞争的利器，更是企业的核心和灵魂所在。

如图 7-10 所示，以蒙牛纯甄酸奶为例，其创造的文案就着重突出了它不添加香精、防腐剂、色素的特点，在无形之中表现出其产品的优质性与适用性。

图 7-10　蒙牛纯甄酸奶的广告文案

对于企业而言,一个优质的文案可以促进品牌推广,提高人气和影响力,进而提升企业声誉,获得更多的用户。文案的作用十分广泛,尤其是在广告业蓬勃发展的商业社会中。

活动文案在网络营销推广中之所以起着举足轻重的作用,主要是由于一篇好的文案不仅能为企业网站带来大量流量,如果将这种流量加以转化,就可变成一种较大的商业价值,那就是活动文案营销的最终体现。

在众多的网络推广方式中,文案以可读性强、流通性广、效果持久等特点广受追捧。至于文案具体有什么样的作用,笔者个人认为主要包括以下3点。

1. 提高关注度

大量的同一时间段的网络文案发布,可以很快使得推广者的网站被人关注。在网站被收购或者新站刚刚建立的时候,这可以吸引一批初期的关注者或者潜在客户。

这一点对于品牌新产品的宣传推广来说特别重要,正是因为如此,许多企业在新产品推出之后,都会通过对应的活动文案来进行宣传推广。图7-11所示为麦当劳新品——白桃雪盖的宣传文案。因为它放在麦当劳官网首页中,所以很快受到了许多人的关注。

图7-11 麦当劳的新品文案

2. 增加知名度

互联网营销最主要的一个问题就是信誉,很多网站都有这方面的问题。推广者通过大量的文章写作,宣传自己公司的形象、专业的领域,尤其是解决客户的实际问题,这无疑是对自己的可信度增加了砝码。

并且，如果文案和受众切身相关并能提供实际有建设性的帮助和建议，则能非常有效地影响受众的信仰，有效地说服受众。

3．传播价值观

文案不同于广告，这主要是因为文案很大程度上带有个人的分析在里面，而不只是将内容广而告之，这个属于自己价值观的一种表达。

效果不仅可以表达自己的观点，而且可以宣传产品，引导用户消费。如果文笔够好，还可以吸引相同观点的朋友共同讨论。

7.2 明确对象，定位内容

在了解了活动文案的基础知识之后，接下来就是进行市场调研了。在此，活动策划者需要做好两个方面的准备工作，即对外的调研对象确定和对内的运营定位，如图7-12所示。

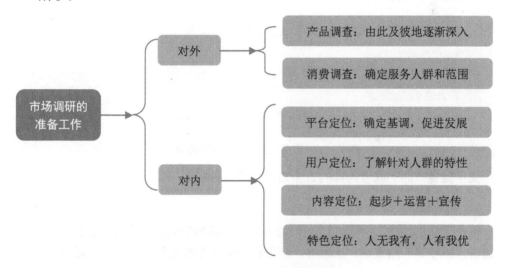

图7-12 市场调研的准备工作

7.2.1 产品定位，找准卖点

调查销售的产品，其实只是了解销售产品的一个方面，能为活动文案的写作提供素材，是市场调研的一个重要组成部分和关键内容。关于销售产品的调查，其具体内容如图7-13所示。

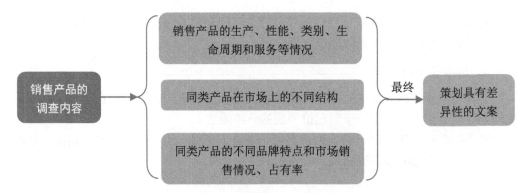

图 7-13 市场调研的销售产品调查内容分析

在市场调研的销售产品调查中,需要一个由此及彼、由己及人的逐渐深入的过程,也就是先要在自身产品上下功夫,然后再与市场上的其他同类产品进行对比,才能达到最佳的调查效果。

下面重点介绍对自身产品的调查,如图 7-14 所示。

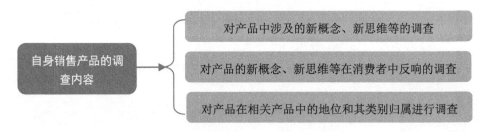

图 7-14 自身销售产品的调查内容分析

关于自身产品的调查内容的 3 个方面,具体分析如下。

1. 新的突破

所谓"新的突破",即在产品和服务领域中将展现的具有全新意义的新概念、新思维等。基于某一新概念、新思维,产品和服务能带给消费者相关的全新生活享受。

2. 样品检测

对产品的新概念、新思维等在消费者中反响的调查也是对产品样品检测的一个方面,通俗地说,产品样品的检测即所谓的回访过程。从具体涉及的内容来说,它还包括消费者对产品的喜好反应和售后出现的问题等。

从文案营销方面来说,对产品样品的检测是其营销理念是否继续坚持的判断标准,具体如图 7-15 所示。

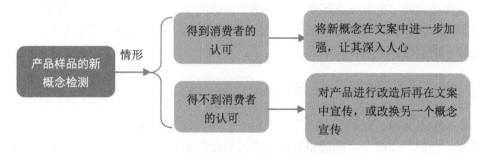

图 7-15　新产品样品的新概念检测

很多产品都是通过某一特点来获取消费者认同，比如，OPPO 的"拍照更清晰"就运用得很好，能体现该手机的像素高这一特点，如图 7-16 所示。

图 7-16　OPPO 手机的"像素高"概念体现

3．系统调查

对产品而言，它总有着其所属体系和类型，因而，对销售产品的调查也应该包括对其体系和类型的调查，具体内容如图 7-17 所示。

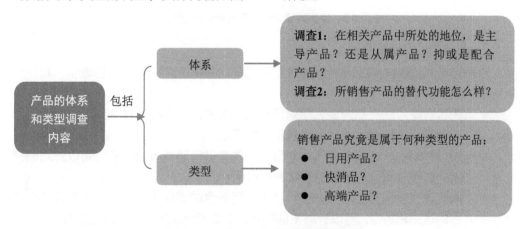

图 7-17　产品的体系和类型调查分析

只有在保证了产品体系和类型调查结果准确的情形下，才能使产品的文案策划和设计更具有目标性和针对性，从而为产品的文案营销的推进提供更好的帮助，达到运营者想要的效果。

7.2.2 消费调查，确定人群

从理论上来看，对销售产品而言，每一个社会成员都有可能是消费者，但在实际应用中，任何产品都不可能把所有人当作其目标消费者，它应该有一个特定的产品服务人群和范围，这些特定的服务人群就是该产品的目标消费者。

而目标消费者，需要进行深入的市场调研才能得出准确结果。针对目标消费者进行的调查，主要包括两个方面，一方面是从目标消费者对产品的印象进行调查，另一方面是从目标消费者自身的消费行为进行调查。

1．从产品印象进行调查

目标消费者对产品的印象，主要包括其对产品的了解度、好感度和具体看法等，这是由产品的客观质量和主观质量决定的。其中，产品的客观质量是产品本身具有的，是不可改变的事实，所以，新媒体运营者要做的就是通过文案营销，在主观质量方面给消费者留下好印象。

所谓"产品的主观质量"，即目标消费者的心理需求能够获得满足的产品或服务价值，具体内容如图 7-18 所示。

图 7-18　目标消费者的主观质量变化情况分析

2．从消费行为进行调查

对于目标消费者自身的消费行为方面的调查，主要应该从 4 个方面着手，具体如下所示。

- 购买对象：从产品对象入手对目标消费者进行消费行为调查，可以针对不同产品进行有针对性的文案策划及相关活动；
- 购买时间：从购买时间入手对目标消费者进行消费行为调查，可以针对消费者的购买时间选择最佳的文案发布时间；
- 购买地点：从购买地点入手，调查不同场合的消费人群和所处场合购买该产品的理由和特征，可以针对不同的场合制定最佳的文案营销搭配方式；

- 购买关注点：调查目标消费者购买时关注产品的哪些方面，如价格、功能、包装、品牌、产地、成分等，可以针对消费者的重点关注点选择合适的宣传点。

7.2.3 平台定位，明确运营基调

在活动策划中，首先应该确定的是，企业所要运营的平台是一个什么类型的平台，以此来决定平台的基调。平台的基调主要包括学术型、恶搞型、创意型、媒体型和服务型这 5 种类型。

用户在不同平台中的需求，往往会呈现出一定的差异。图 7-19 所示为同一时间段内，微博热搜和 QQ 热点的相关界面。可以看到，在微博中，明星娱乐在热搜中所占的比重较大。在 QQ 热点中，呈现出来的热点通常更具实时性，且内容往往会包含各方面的热点，而不只是以明星娱乐为主。

所以，如果一个活动策划者在宣传上拥有多个平台，便可以根据平台的属性，选择合适的内容，重点进行运营。

图 7-19　微博热搜的相关界面

在做好平台定位时，应该根据自身条件的差异选择具有不同优势和特点的平台类型，具体分析如图 7-20 所示。

在网络营销中，可通过网红、90 后创业奇才、行业意见领袖、BAT 背景和学术范这 5 种途径更好地实现活动平台定位。

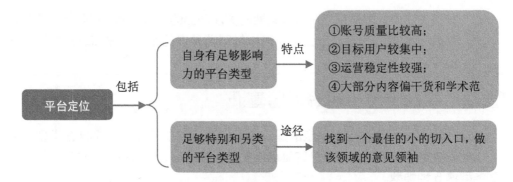

图 7-20　平台定位

另外，在定位平台、选择何种平台类型的同时，还应该对平台的自定义菜单进行相应规划，以便能够清楚地告诉用户"平台有什么"。对自定义菜单进行规划，其实质就是对其功能进行规划，它可以从 4 个维度进行思考和安排，如图 7-21 所示。

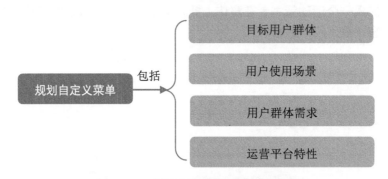

图 7-21　规划自定义菜单的思考维度

专家提醒

值得注意的是，做好平台定位是非常重要的，要慎重对待，因为只有做好了平台的定位，并对其基调进行了确定，才能做好下一步要进行的用户运营和内容运营策略，最终促成平台更好地发展。

7.2.4　用户定位，找准受众特性

在企业的微信、App 等活动平台运营中，确定明确的目标用户是其中重要的一环。而在进行平台的用户定位之前，首先应该要做的是了解平台具体针对的是哪些人群，它们具有什么特性。

用户的平台特性，一般可从属性特性和行为特性这两个方面进行分析，具体如图 7-22 所示。

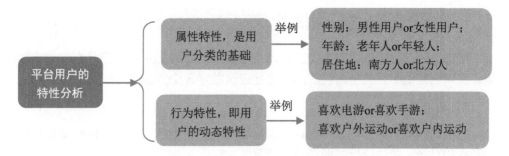

图 7-22 平台用户特性分析

在了解了用户平台特性的基础上，接下来要做的是怎样进行用户定位。在用户定位全过程中，一般包括 3 个步骤，具体内容如下。

- 数据收集。可以通过市场调研的多种方法来收集和整理平台用户数据，再把这些数据与用户属性关联起来，如年龄段、收入和地域等，绘制成相关图谱，就能够大致了解用户的基本属性特征。图 7-23 所示为某微信公众号的用户分布图，从该图中运营者可以清楚地把握平台用户的性别和阅读载体的分布比例。

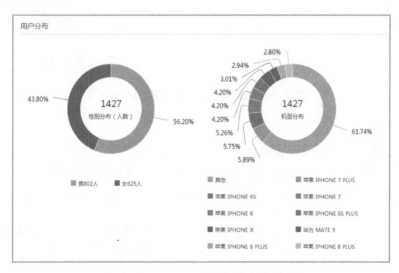

图 7-23 某微信公众号的用户分布图

- 用户标签。获取了用户的基本数据和基本属性特征后，就可以对其属性和行为进行简单分类，并进一步对用户进行标注，确定用户的可能购买欲和可能活跃度等，以便在接下来的用户画像过程中对号入座。
- 用户画像。利用上述内容中的用户属性标注，从中抽取典型特征，完成用户的虚拟画像，构成平台用户的各类用户角色，以便进行用户细分。

7.2.5 内容定位，发挥优势

所谓"内容定位"，即微信、App 等活动平台能够提供给用户什么样的内容和功能。在网络营销中，关于内容的定位主要应该做好 3 个方面的工作，具体如下。

1. 找准方向

找准内容的发展方向是平台内容供应链的初始时期的工作，是做好文案内容定位的前提和准备，具体分析如图 7-24 所示。

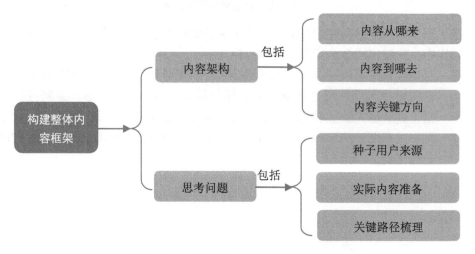

图 7-24　明确内容发展方向的具体分析

2. 内容呈现

在内容定位中，还应该通晓运营阶段的内容展示方式。在打造优质内容的支撑下，怎样更好地展示平台内容，逐步建立品牌效应，是实现平台影响力扩大的重要条件。关于平台内容的展示方式，一般分为 4 种，如图 7-25 所示。

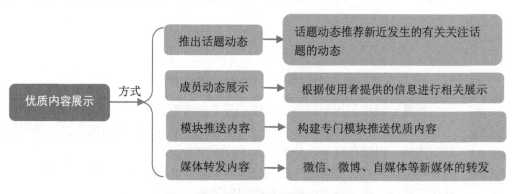

图 7-25　优质内容的展示方式分析

在内容展示过后，接下来更重要的是要通晓内容的整合方式，具体分析如图 7-26 所示。

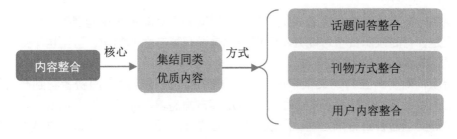

图 7-26　明确平台内容的整合方式

3．互动交流

除了应做好初始阶段和运营阶段的内容定位，还应该确定宣传阶段内容定位，即怎样进行平台内容互动的问题。

企业与用户进行交流，更有利于活动内容的传播，也让用户的接受能力变强，从而加深用户对于平台的信任度和支持度。在确定文案内容的互动方式的过程中，需要把握几个关键点，如图 7-27 所示。

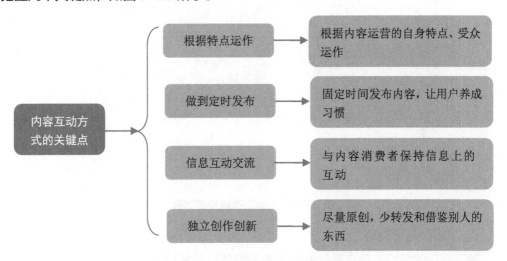

图 7-27　内容互动方式的关键点分析

7.2.6　特色定位，吸引目光

在市场上有特色的东西，往往更能吸引受众的目光，文案同样如此。活动策划者在做文案定位时，可以遵循人无我有、人有我优的原则，让目标受众看到你的特色。

具体来说，在做特色定位时，可以从两个方面入手，具体如下。

1. 营销对象的特色

虽然一种产品能否卖出去，从根本上来说取决于其能否满足消费者在某方面的需求。但是，有时候消费者可能并不知道自己是否有某方面的需求，甚至也不知道你的产品是否能够满足他(她)的需求。

所以，对于一些营销文案来说，最主要的目的就是让潜在消费者看到产品的亮点，让消费者知道你的产品能够很好地满足某方面需求。而在大多数情况下，产品的亮点又需要运营者自身来挖掘。所以，运营者需要加深对产品的认识，并从中找到产品的特色。

比如，像口香糖这种产品，大多数人的第一印象可能就是清洁口腔而已。但是，益达口香糖却从中挖掘出关爱牙齿、更关心你的特点。因此，许多人在吃完饭后都选择该产品可以尝试一下，这便是在了解营销对象之后，成功营销的一个案例。图7-28所示为益达口香糖的一则营销文案。

图7-28　益达口香糖营销文案

2. 文案自身的特色

除了营销对象的特色之外，文案本身的特色也非常重要。因为许多受众在看到文案之前对其中涉及的对象是不了解的，在这种情况下，活动策划者需要做的就是通过特色文案，吸引受众的目光，并让受众对你所说的东西留下深刻的印象。

某个活动策划者打造文案的方法可能不尽相同，但是，文案作为重要的宣传和营销工具，就要求它必须具有自身的特色。特色文案有很多，比如，某健身机构生动形象的人物和文字语言"也许你听过很多谎言，但汗水不会欺骗你"直击体重超标人士的心灵深处，引起共鸣——每个人都有爱美之心。这便属于一则比较有特色的文案，如图 7-29 所示。

图 7-29　某健身机构的特色文案

7.3　通过调研，探明需求

常言道："没有调查就没有发言权"，调研的重要性不言而喻。如果想让文案一字千金的同时妙笔生花，那么调研一定必不可少，这是保证文案编辑方向正确和内容精准的前提，只有经过了调研，才能预测微信、App 和自媒体等宣传平台推送的文案是否能准确地传达到需要的用户群中，并最终达到预期的目的。在进行调研之前，文案创作者首先需要了解市场调研的含义、作用和方法。

7.3.1　市场调研，了解变化

市场之所以有调研的必要，有其客观因素，即市场基于两个方面的原因总是处于瞬息变化的状态之下，如图 7-30 所示。

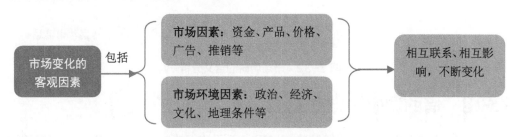

图 7-30　市场变化的客观因素分析

正是因为市场的这一客观情况，关于其情况的调研是任何处于市场这一环境中的活动所必需的。在智能手机普遍应用的社会环境下，与企业产品或品牌有着紧密联系的新媒体平台文案的内容构建和效果实现，也必须适应市场的变化，并进行积极且广泛的市场调研，只有这样才能实现最佳效果，如图 7-31 所示。

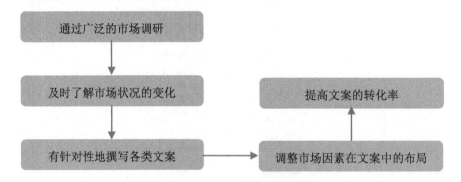

图 7-31　实现最佳效果的文案撰写分析

综上所述，所谓"市场调研"，即为了达到营销目的而进行的对营销信息的分析、甄别工作。关于市场调研的含义，具体分析如图 7-32 所示。

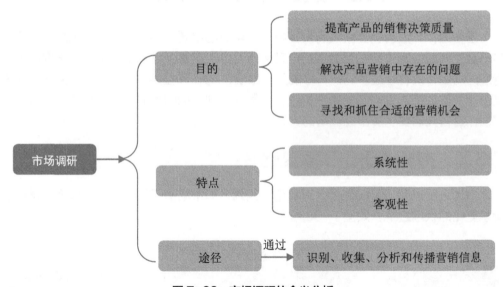

图 7-32　市场调研的含义分析

7.3.2　借助调研，推动发展

市场调研作为市场预测和经营决策过程中重要的组成部分，一直有着举足轻重的地位，它是运营者进行营销策划和运作过程的基础，对企业产品和品牌的推广有着非常重要的作用。

在此，市场调研所具有的重要作用可从广义和狭义两个方面进行分析，具体如图 7-33 所示。

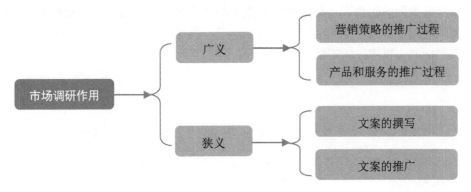

图 7-33　市场调研的作用分析

由图 7-33 可知，从广义上来看，市场调研所得出的结果作为参考标准贯穿整个营销策略以至产品和服务的推广过程；从狭义上来看，市场调研在文案营销中的作用的直接体现是文案的撰写和推广过程。

而就其狭义的作用而言，其作用又主要表现在 3 个方面，具体如下。

（1）参考依据。这主要是基于文案的策划过程。市场调研作为文案营销过程的开端阶段，能够为接下来的文案策划提供科学的依据和富有价值的参考信息，具体分析如图 7-34 所示。

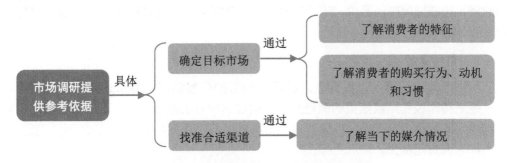

图 7-34　市场调研为文案策划提供参考依据

（2）素材库。这主要是基于文案的创作过程。文案创作的完成建立在大量的素材基础之上，只有提供丰富的生活素材，文案创作者才能更快地找到灵感，才能创作出更有创意的文案作品。

而生活素材的获得必须是深入社会和实践的结果，市场调研的广泛性、系统性和客观性决定了其所获得的数据信息是最好的生活素材来源，能够为文案创作者的创意提供重要支撑。

(3) 评估标准。这主要是基于文案的效果测定。文案营销效果的实现是撰写和推广文案的最终目的,也是企业、商家和平台运营者最关心的问题。

从文案效果方面来说,其效果的考查主要表现在两个阶段,即文案发布之前的效果预测阶段和文案发布结束后的效果检验阶段,而这两个阶段的市场调研结果是评估其效果的标准,具体分析如图 7-35 所示。

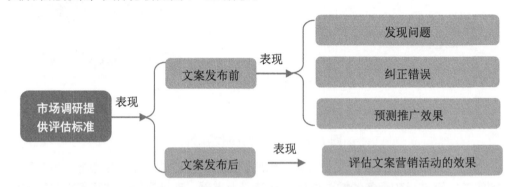

图 7-35 市场调研为文案发布提供效果预测与评估

7.3.3 精准调查,把握需求

市场调研不应该只是用理论说说而已,而应该用市场数据来做支撑。那么,活动策划者如何获得市场数据呢?其中一个重要的方法就是通过各种调查方式,获得相应的数据,精准把握市场需求。市场调查的方式有很多,笔者将选取其中的 6 种进行解读,具体如下。

1. 问卷调查

所谓"问卷调查",即调查人员把要调查的内容做成问卷形式而进行的调查方法,是一种比较实用且常见的调查方法。通过这种方法进行调查,可以基于被调查者的问卷答案收集市场资料,其具有 3 个方面的优势,具体如下。

- 调查范围大。
- 调查成本低。
- 被调查者可仔细考虑问题。

尽管采用问卷调查的方法具有诸多优势,但在具体实施过程中,还应该注意几个方面的问题,具体内容如图 7-36 所示。

其中,在问题的排序安排上要力求合理,实质上是要求调查的问题有一个由浅入深的过程,必须要做到循序渐进,具体表现如下:

- 从一般性问题到特殊性问题。
- 从接触性、过渡性问题到实质性问题。

- 从简单的问题到具有一定难度的问题。

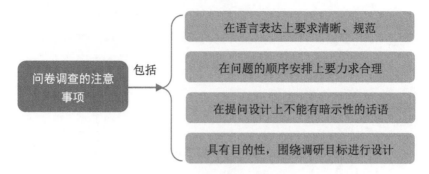

图 7-36　问卷调查的注意事项

在做问卷调查时，活动策划者如果觉得单独制作一个问卷比较难，或者说没有足够的时间和精力来做这件事，则可以从一些专业的调查问卷网站寻找一个模板。比如，在问卷星中就为用户免费提供了许多模板，活动策划者可以从中寻找适合自身需求的模板。图 7-37 所示为问卷星的模板分类界面。

图 7-37　问卷星的模板分类界面

需要说明的是，时代在不断变化，而你看到的模板可能是几年前的。因此，新媒体运营者在制作调查问卷时，还得学会根据实际情况对问卷内容进行一些调整，这样设计出来的调查问卷才能更好地了解市场需求。

图 7-38 所示为问卷星中的《手机市场需求调查问卷》模板，可以看到在第一个问题中的手机品牌设计得不是很合理，因为像华为、ViVO 等手机品牌在国内市场所占的份额相对来说比较大，但却未列入其中。而一些现在很少再看到的手机品牌反倒

是赫然在列。

图 7-38 《手机市场需求调查问卷》模板

对此，活动策划者可以将该问题中的选项进行一些必要的调整，调整后的调查问卷如图 7-39 所示。

图 7-39 调整后的调查问卷

2．全面调查

所谓"全面调查"，与其他方法不同的在于"全面"二字，即要求的是全面性的普查式调查，其调查结果最突出的特点是全面而精准，因此，于市场营销而言，全面调查的对象是产品的所有目标消费者。它主要分为两种类型，如图7-40所示。

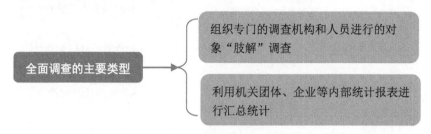

图7-40 全面调查的主要类型

3．抽样调查

抽样调查，就是在整个样本中抽取一部分样本进行调查，然后通过推算得出结果的调查方法。这一市场调研方法又可分为随机抽样调查和非随机抽样调查，具体内容如下。

（1）随机抽样调查。这一调查方法也称为概率抽样调查，是在整个样本中以随机的方法抽取一部分样本而进行的调查，具体介绍如图7-41所示。

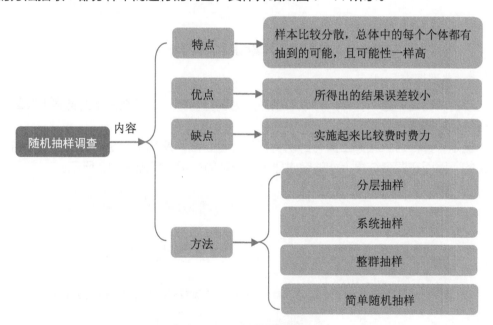

图7-41 随机抽样调查分析

（2）非随机抽样调查。这一调查方法是在不遵循随机原则的情况下，在总体样本中按照调查人员的主观感受或其他条件抽取部分样本而进行的调查，具体介绍如图

7-42 所示。

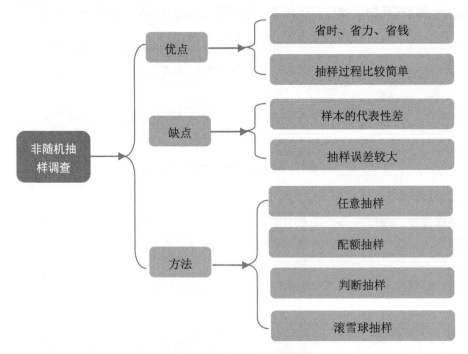

图 7-42 非随机抽样调查分析

4．典型调查

所谓"典型调查"，即一种以典型对象为调查目标，然后在得出的结果上推算出一般结果的调查方法。

这是一种在对象选择上具有鲜明特征的调查方法，是基于一定目的和标准而特意选择的，因而在调查结果上能够突出显示其调查的作用，如图 7-43 所示。

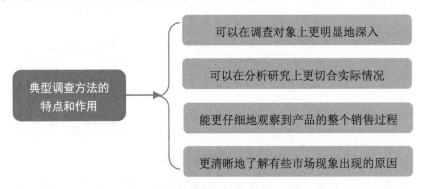

图 7-43 典型调查方法的特点和作用

典型调查方法有一个需要特别注意的问题，那就是需要重点把握好调查对象的典型程度——典型程度把握得越好，调查结果也就更符合现实，其所产生的误差也就越小。当然，这种具有突出特点和作用的调查方法也具有极大的优势，具体内容如图7-44所示。

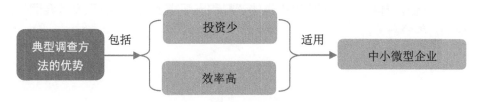

图 7-44 典型调查方法的优势分析

5．访问调查

访问调查就是对被调查者进行直接询问而收集资料的方法，具体方法如图 7-45 所示。

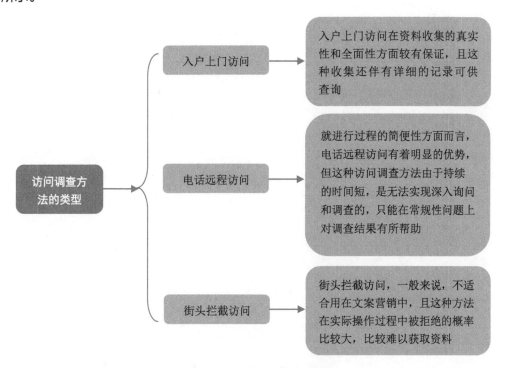

图 7-45 访问调查方法的类型

6．文献调查

随着互联网和移动互联网技术的发展，在文案营销中使用文献调查方法越来越简便，特别是在大数据技术飞速发展的环境下，企业可以很容易地获取大量企业、消费者的资料和信息，这种调查方法也就变得越加实用。

　　其中，文献资料的来源主要包括两种——企业内部资料和其他外部资料。企业内部资料，即企业自身所具有的消费者资料、以往营销记录等；其他外部资料，即咨询公司、市场调查资料公司、网络等提供的资料和出版物上的资料，以及社会团体和组织提供的各种资料等。

第 8 章

创编文案，把握技巧

学前提示　文案对于品牌和销售来说，有着宣传和推广的作用，好的文案可以对活动起到推动效果，因此这也是每一位销售人员需要了解的一项内容。本章的主要内容就是告诉活动策划者如何创造文案以及掌握文案的写作技巧，也是为书写活动策划方案奠定基础。

要点展示
- ▶ 文案作用，提升声誉
- ▶ 市场调研，创写文案
- ▶ 善用技巧，完善文案

8.1 文案作用,提升声誉

文案策划主要应用于广告行业,但是与广告类型的活动策划存在一定的区别,相关的分析如表 8-1 所示。

表 8-1 文案策划与活动策划的区别

名称	区别
文案策划	侧重文辞内容
活动策划	侧重活动本身内容

在现代商业竞争中,精彩的文案往往能够让一个企业在众多的同类型公司中脱颖而出。文案是竞争的利器,更是企业的核心和灵魂所在。

对于企业而言,一个优质的文案可以促进品牌推广、提高人气和影响力,进而提升企业声誉,获得更多的用户。文案的作用十分广泛,尤其是在广告业蓬勃发展的商业社会中。如图 8-1 所示,以防晒霜为例,其创造的文案就着重突出了它的美白防晒的功效,在无形之中表现出防晒霜的功能性。

图 8-1 防晒霜中的广告文案

8.1.1 文字感染,带来收益

文案是商业宣传中较为重要的一个环节,从其作用来看,优秀的文案具备强烈的感染力，能够给商家带来数倍的收益和价值。在信息繁杂的网络时代，并不是所有的文案都能够获得成功，尤其是对于缺乏技巧的文案而言，获得成功并不是轻而易举的事情。

从文案写作的角度出发，文案内容的文字感染力来源主要分为 4 个方面，如下所示。

- 信息准确规范。
- 主题创意突出。
- 内容定位精准。
- 表现形象生动。

下面就从这 4 个方面进行详细介绍。

1. 信息准确规范

随着互联网技术的发展，每天更新的信息量十分惊人。"信息爆炸"的说法主要就来源于信息的增长速度，庞大的原始信息量和更新的网络信息量以新闻、娱乐和广告信息为传播媒介作用于每一个人。

由此可见，每个人每天被动接收的信息量十分庞大，尤其是广告类信息更为繁杂。对于文案创作者而言，要想让文案被大众认可，能够在庞大的信息量中脱颖而出，那么首先需要的就是准确性和规范性。

在实际的应用中，准确性和规范性是对所有文案写作的基本要求，具体的内容分析如图 8-2 所示。

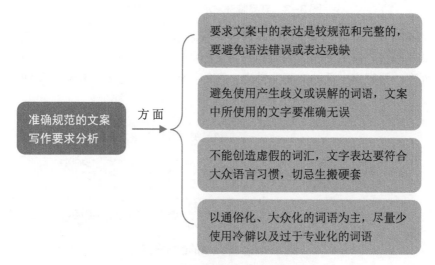

图 8-2　准确规范的文案写作要求分析

准确和规范的信息能够促进广告的有效传播，节省产品的相关资金投入和人力资源投入等，从而创造更好的效益。

2．主题创意突出

创意对于任何行业的广告文案都十分重要，尤其是在网络信息极其发达的社会中，自主创新的内容往往能够让人眼前一亮，进而获得更多的关注。创意主要为广告主题服务，所以活动文案中的创意必须与主题有着直接关系，不能生搬硬套，牵强附会。在常见的优秀案例中，文字和图片的双重创意往往比单一的创意更能够打动人心，如图8-3所示为某品牌洗发水的双重创意广告。

图8-3　某品牌洗发水的双重创意广告

图片的创意在于将产品本身和背景进行双重曝光处理，同时结合广告文字的内容创意，共同表达广告想要表达的内容，打造出震撼人心的效果。对于正在创作中的活动文案而言，要想突出活动文案的特点，在保持创新的前提下需要通过多种方式更好地打造文案本身。如图8-4所示为活动文案要求的诸多方面。

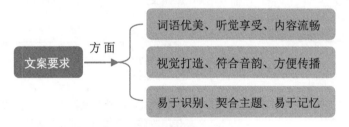

图8-4　文案要求的诸多方面

3．内容定位精准

精准定位同样属于文案的基本要求之一，每一个成功的广告文案都具备这一特点。如图 8-5 所示为某品牌洗衣液的推广文案。

图 8-5 某品牌洗衣液的推广文案

在文案的内容上，某品牌洗衣液的这则广告文案主要体现"去除 99 种污渍"的作用。精准的内容定位不仅能够让产品更好地被受众群体所接受，还能让潜在用户也被相关的信息所打动。对策划人员而言，要想做到精准的内容定位，可以从 4 个方面入手，如图 8-6 所示。

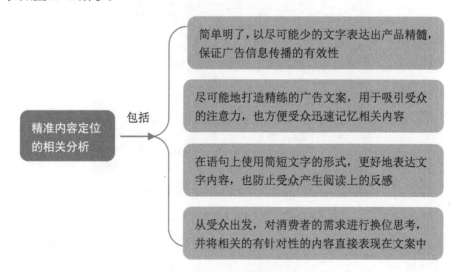

图 8-6 精准内容定位的相关分析

4．表现生动形象

对于策划人员而言，每一个优秀的文案在最初都是一张白纸，需要创作者不断地添加内容，才能够最终成型。运用图片中的生动形象可以吸引受众的注意力，因为内容容易被接收，意思表达更清晰；还可以激发受众的兴趣，从而促进产品信息的传播和销售。例如，如图 8-7 所示是某微商产品的活动宣传文案，其中通过动画和文字相结合，使得整个文案显得更加生动形象。

图 8-7　生动形象的活动文案

8.1.2　编写文案，掌握技巧

在了解了文案的基本要求后，接下来将介绍文案的内容、构成及写作方法，帮助读者进一步详解文案的编写。

1. 文案的内容

随着各行业企业对于文案的不断重视，文案逐渐渗透多个行业，尤其是在广告领域中发挥着越来越大的作用，成为宣传方式的主角。如图 8-8 所示，即为某品牌方便面的广告文案，简洁的文字搭配精美的图片来突出品牌的广告用意。

图 8-8　某品牌方便面的活动文案

在广告的策划中，一般是由美工和文案各自分工，两者完成不同的任务，但服务于同一个主题。

在实际的应用中，还有很多其他方面与活动文案有着不可分割的关系，具体分析如图 8-9 所示。

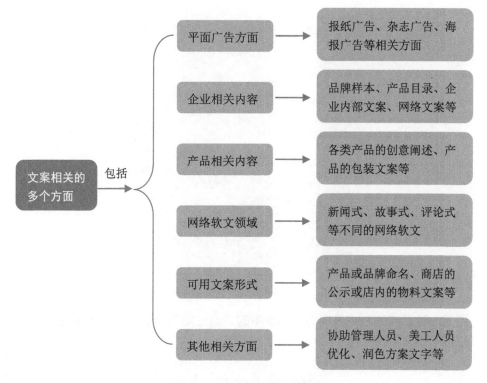

图 8-9 与文案相关的多个方面

2．文案的基本写作方法

对于文案写作而言，内容和模式不容忽视，相关的写作方法主要分为 3 种模式，如下所示。

- 强迫思考法；
- 延伸特点法；
- 倒三角写作法。

强迫思考法主要是针对文案前期的写作，用于构建文案整体基本结构，相关分析如下所示。

- 本质：挖掘潜力、构建思路和产生创意；
- 意义：完成文案、组织要点和思维训练；
- 表现：罗列商品名，逐步填写可以帮助商品销售的众多优点。

除了强迫思考法，常见的还有延伸特点法，主要是在原有的商品特点基础上进行思考延伸，进一步挖掘商品特点的潜在内容，此时需要以原有特点为出发点。如图 8-10 所示为某品牌四件套广告文案中的特点展示。

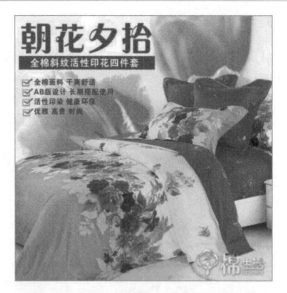

图 8-10　某品牌四件套广告文案中的特点展示

还有一种写作的方式是模仿新闻学中的"倒三角写作法",主要是将文案内容分为 3 个部分逐步完成,相关分析如图 8-11 所示。

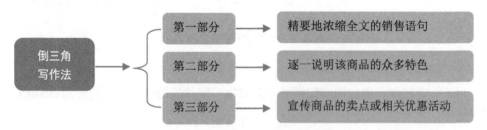

图 8-11　倒三角写作法的相关分析

8.1.3　创作者要求,经验丰富

对于商业公司而言,对内对外的宣传都极为重要。专业的文案创作者对于商业公司的作用和影响十分明显。

文案策划人员在类型上主要分为两种,分别是组织内部的雇员和自由撰稿人士。在这两类人员中,以内部的工作人员为主。与文案策划人员相关的常见公司或组织,如图 8-12 所示。

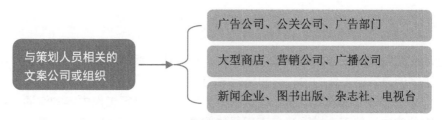

图 8-12　与文案策划人员相关的公司或组织

文案涉及的领域有很多，不同的职位所需要的文案人员的能力不尽相同。如图 8-13 所示为某公司招聘文案人员的相关要求。

图 8-13　某公司招聘文案人员的相关要求

在职位招聘中，常见的对文案人员的要求主要集中于 4 个方面，相关的信息分析如图 8-14 所示。

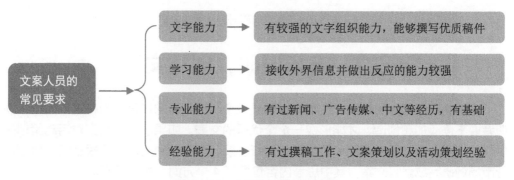

图 8-14　文案人员的常见要求

8.1.4 文案与美工,相辅相成

活动文案所做的工作内容并非独立存在,在广告文案的设计中,美工和文案需要各自分工,但是各自工作的中心点却是相同的。

作为一个活动文案的策划者,在平时的工作中怎样进行工作内容的沟通,将自己的创意充分传达给美工,进而让美工用具体的图片或作品表达出来,这是一件有难度的事情。

对于策划人员而言,创意往往独具一格,甚至无法直接用言语去表达。与之相搭配的美工却需要充分地理解文案内容,能够准确完成任务。

从文案的角度出发,要想避免美工重复工作,那么在需求沟通时要注意 4 个方面的内容,如图 8-15 所示。

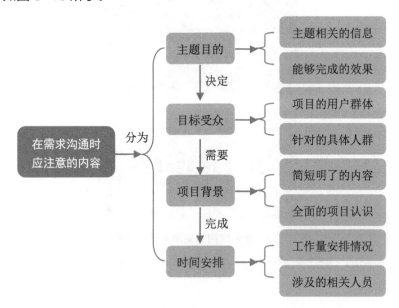

图 8-15 在需求沟通时应注意的内容

8.2 市场调研,创写文案

对于文案策划人员来说,文案本来就是一个从无到有的过程,而在这个过程中创造者要不停添加和创造,才能形成一个个优秀的文案。如果想通过文案对活动策划提供帮助的话,就必须对活动策划的工作进行了解,文案策划人员需要根据策划目标进行市场调研完成最终文案,其中思考内容包括了 4 个方面,如下所示。

- 自己需要做好哪些准备工作。

- 备妥哪些信息才开始去写作。
- 用什么方式去搜集相关信息。
- 如何去想出优秀文案的点子。

8.2.1 文案研究，提前准备

对文案而言，文案策划人员写作前的构思和规划固然重要，但前期的市场调研也必不可少。市场调研的目标主要是收集各种数据、资料、信息，比如销售额、市场份额、盈利性等。要想完成市场调研，同样需要一定的技巧和相关步骤，在前期的准备工作中，主要集中于 3 个方面的内容，如图 8-16 所示。

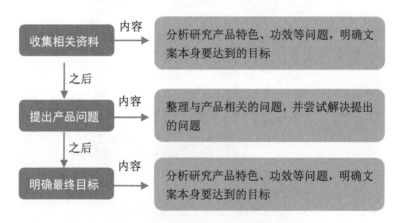

图 8-16 前期准备工作集中的方面

关于上图提及的 3 个方面的前期准备工作，具体介绍如下。

1. 收集相关资料

对于文案策划人员而言，在调研前期需要收集的资料类型有很多种，其中较常见并且有一定借鉴意义的有企业或产品宣传册。

如果文案是针对已经生产的产品，那么相关的背景资料都需要搜集起来进行参考，大致内容如下所示。

- 相关评论文章、相关广告内容、商品特点记录；
- 宣传册、年度报告、广告企划、技术文件；
- 官方网站、竞争对手资料、使用者反馈。

网络时代，从网络上搜索产品信息并且进行分析整理，是最为常见的写作技巧。花费一定的时间去打印资料、阅读网站信息或产品信息，能够在文案写作过程中获得事半功倍的效果。

比如在百度搜索、360 搜索引擎中，可以在搜索文本框输入相应的关键字，来查找更多的活动策划相关内容，比如搜索"活动主题"就会出现"德育活动主题""团建活动主题"等相关内容，获得更多适合用在文案中的重要信息。善于使用网络工具是文案工作人员必备的技能。

2．提出产品问题

为了更好地整理信息，分析与产品相关的问题，会列出完整的清单，以便及时有效地查找相应资料。在诸多问题中，产品的特色和功效是主要被关注的对象，也是文案内容的宣传重点。一般选择 3~4 个功能进行解说即可。如图 8-17 所示为电陶炉的相关解说。

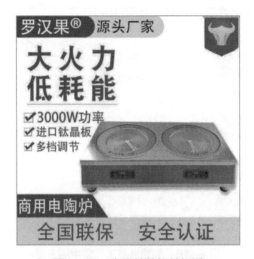

图 8-17　电陶炉的相关解说

从实际情况来分析，文案需要了解并提出的产品问题相关内容主要有以下几个方面，如图 8-18 所示。

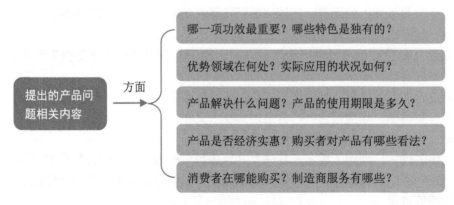

图 8-18　产品问题相关内容分析

3. 明确最终目标

文案的写作目标不同，创作方式也不相同，所以在市场调研的准备工作中，明确最终的文案目标是重要环节，相关内容的分析如图 8-19 所示。

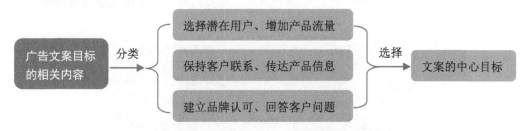

图 8-19 广告文案目标的相关内容分析

文案的中心目标包括文案创作的顺序性和准确性以及产品的主攻市场和实际应用。一个文案有时可以只出现一个中心目标，比如传达产品信息，但有时也可以同时有多个中心目标。

8.2.2 制定流程，构建文案

文案策划人员的工作，主要是通过构建字句和想法，从而让产品能够达到预期的销售目标。在具体的创作过程中，文案已经有一系列的标准步骤，用于更好地让文字创造销售力，具体内容如下所示。

(1) 根据情报提炼信息。
(2) 寻找创新写作模式。
(3) 列出详细问题清单。
(4) 善于联合合作对象。
(5) 倾听别人相关建议。

针对上文所示的 5 个步骤，下面一一进行介绍。

1. 提炼信息

情报主要来源于调研阶段，提炼的信息则是直接应用于文案中。从文案创作的角度出发，相关内容如下所示。

- 主题资料的来源包括信息搜索、市场调研、专业资料、沟通交流。
- 主题资料的作用是熟悉内容、综合分析、实际应用、内容升华。

从主题资料中提炼出重点信息内容是为文案创作的首要步骤。

2. 创新写作

文字的创新往往就在于想法的不同搭配，尤其是与图片的共同组合，创造了更多可能。在文案的写作模式上,创新一般可以分为 3 种,分别是文字创新、图片创新以及平实的文字和平实的图片组合后产生的创新效果。

如图 8-20 所示,以某品牌的汽车创意广告为例,图片主体是一张人脸和一只拳头,在人脸和拳头上分别画了各自品牌的汽车,拳头打在人脸上也是象征着绿车的出现将红车淘汰了,给人视觉上更直观的感受。

图 8-20　某品牌汽车的创意广告文案

除了文字和图片的组合属于在既有想法中搭配出新的组合之外,还有就是将两种不同形象的设计组合为一种,通常在图片中体现得比较多。如图 8-21 所示为"饿了么"App 的创意广告。

图 8-21　"饿了么"App 的创意广告

3. 列出清单

列出清单不仅在市场调研时有决定作用,在写作过程中也会有着较大的帮助。清单所列出的问题能够刺激作者的思考,进而成为新想法的出发点。从创作者的角度出发,相关的内容分析如图 8-22 所示。

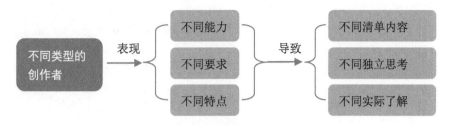

图 8-22　创作者问题的相关分析

不同的创作者在写作时的状态不同,写作方式也会因人而异。一般情况下,文案的创作很难在一开始就写得完美无缺,获得成功。即使是优秀的文案策划人员,也需要重写多次,才能够将所有的元素归纳到位。对于文案新手而言,列出详细问题清单更有必要性。

4．联合对象

在文案人员需要联合的合作对象中,美工是至关重要的一个部分。关于美工的相关分析如图 8-23 所示。

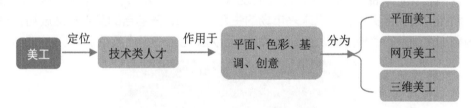

图 8-23　关于美工的相关分析

美工的工作主要集中于艺术指导方面,负责图像内容,在广告业中的作用十分突出。如图 8-24 所示为蚂蚁花呗活动宣传时的美工作品。

术业有专攻,对于文案策划人员而言,善于联合合作对象,是完成文案任务的必要步骤。没有美工的帮助,即使文案策划人员写出了优质的文字或内容,也很难达到预期的文案效果。

5．倾听建议

即使是大侦探福尔摩斯,也同样需要华生医生在某些时候提供帮助或者意见。对于文案策划人员而言,在写作过程中或者完成之后,倾听别人相关建议是比较常

图 8-24　蚂蚁花呗活动宣传时的美工作品

见的，相关分析如图8-25所示。

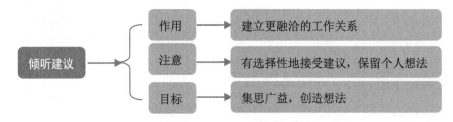

图8-25　倾听别人建议的分析

以上所有的步骤都是为了创造更好的文案，通过有用信息的汇集，来帮助文案写手进行深层次思考。

8.2.3　文案形式，体现卖点

任何新产品的问世都是一场无声的宣战，如何在未来的市场中逐渐成为主角，需要关注的就是卖点。新产品的卖点往往是销售成功与否的关键所在，文案对新产品卖点的把握自然是关键中的关键。无论是否是新品上市，卖点都是产品销售的关键要素，只有卖点把产品变成商品，才能实现获得利润的根本目标。尤其是对于新品而言，卖点更是直接决定了产品未来市场的生死。例如，王老吉的卖点打造成功，短时间内创造了少有的销售传奇。如图8-26所示为王老吉的卖点展示。

图8-26　王老吉的卖点展示

通过王老吉的食用功效与饮料相结合打造卖点，上市后的王老吉很快就创造了爆发式的销售热潮。从王老吉的案例中可以看出，抓住卖点是新品销售的基础条件，没有卖点就没有销售。

从产品本身而言，卖点的来源主要有两个方面，都是文案策划人员需要在文案中进行深入分析的，相关内容如图8-27所示。

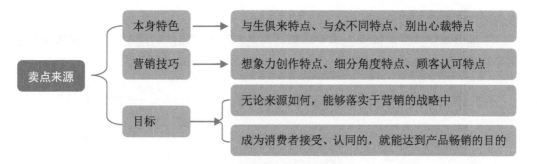

图 8-27 卖点来源相关内容分析

从新品销售的角度出发，抓住卖点的相关文案需要从多个方面入手，其中主要的内容如下所示。

(1) 说明受众需求的文案。
(2) 说明产品信息的文案。
(3) 说明服务详情的文案。
(4) 说明使用事项的文案。

针对上文所说的 4 个分类，下面一一进行介绍。

1．说明受众需求

在文案创作之前，首先要了解需求说明类活动文案的对象，也就是受众群体。

一般情况下，新品的需求说明类文案的受众并不是产品的直接受众，内容信息上并不是为产品的直接受众准备的。从产品前段和文案审核两个方面出发，相关的受众信息分析如图 8-28 所示。

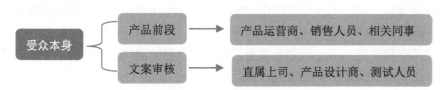

图 8-28 文案相关受众分析

除了对文案的受众有明确的选定之外，还有就是在需求文档撰写前，对产品方向和最终产品用户的把握要足够强，从产品目的、销售到每个环节的含义，都需要有较为准确的定义。确切地说，当文案写手开始写文档时，相关的内容和需要注意到的方面应该已经万事俱备。

根据不同产品的要求，需求说明类文案也会根据团队和产品的实际情况确定详细程度。比如在互联网产品的需求说明类文案中，削弱文档的沟通能力，加强团队的直接交流，进一步简化流程，实现互联网化的快速反馈、快速迭代等。这种情况下，需求说明文案的内容会极大简化。

下面以常见的新品需求说明文案重点为主，了解重点的分层次展现，具体内容如图 8-29 所示。

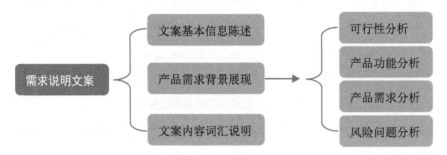

图 8-29　需求说明文案重点的相关分析

除了内容上的重点外，还需要注意的是文案本身的可修改性。需求说明类文案在创作过程中需要进行多次的修改才能够达成最终目标，所以相关文案中会用不同颜色的字体来进行辅助，在最终提交的文案中进行统一处理。

2．说明产品信息

产品说明文案属于较为常见的产品相关文案类型，主要是以文字的方式对某产品进行相对应的详细表述，使人能够更好地认识和直接了解某产品的相关信息。

一般情况下，作为新品的产品说明文案，其直接的阅读者就是销售人员、运营商和最终的产品受众。

在创作文案之前，要对产品的相关说明内容进行整体把握，同时产品说明文案的内容要实事求是，不可为达到某种目的而夸大产品的作用和性能，这是制作产品说明文案的职业要求。

在文案创作之前，活动策划者需要了解相关产品的具体情况，并明确相关产品内容，主要有如图 8-30 所示的几个方面。

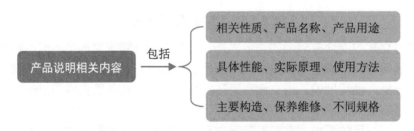

图 8-30　需要了解并明确的相关产品内容

对于新品而言，产品的说明文案主要是针对产品的最终用户而言的。在内容上要求语言简洁，开头部分常常用概述的方法简要地阐明其性质特点，有的甚至全文都用概述的方法。需要注意的是，根据不同产品的功能、用法，其产品说明文案的写作方法也有较大的区别，但文案的直接作用和目标要做到统一，就是为了让读者能够尽可能直接地明白信息，相关分析如图 8-31 所示。

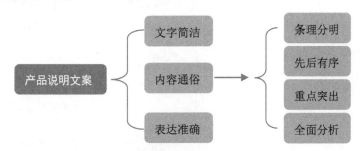

图 8-31　产品说明文案创作重点的相关分析

要把握住文案的重点，就需要了解文案对于受众的主要作用有哪些。在常见的文案中，主要表现于说明指导作用、宣传促销作用、信息交流作用和强制指令作用。

在大部分的产品说明文案中，都包括了这些内容和作用。但是由于标准的不同，产品说明文案也分为 3 种类型，如图 8-32 所示。

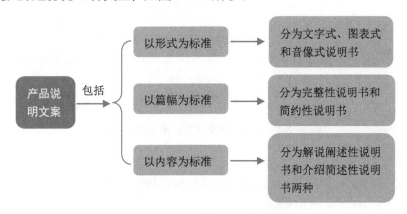

图 8-32　产品说明文案的类型

3．服务说明详情

服务说明文案往往与产品说明文案可以共同使用，是服务行业向相关用户介绍自己所提供服务的性质、对象、收费情况及申请或使用这种服务的办法、条件等而使用的说明书。根据内容的不同，相关分析如图 8-33 所示。

对于新品而言，服务说明的重要性需要根据产品的实际属性而定。一般情况下，文案内容是由产品相关服务直接导向给最终受众。

从全面性的角度出发，文案内容的写作可以同时涉及介绍说明和办法说明两种方式，其目标统一，让读者能够尽可能直接地明白信息，相关分析如图 8-34 所示。

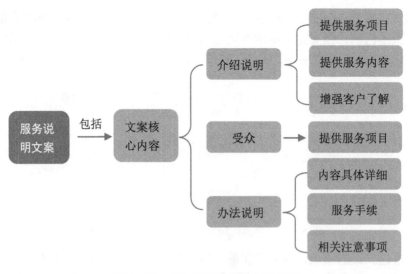

图 8-33　服务说明文案的相关分析

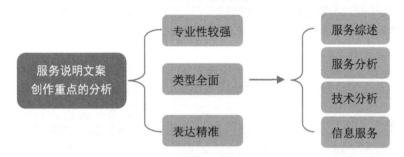

图 8-34　服务说明文案创作重点的相关分析

4．说明使用事项

使用说明文案也可以称作使用手册或用户使用指南，是常见的便捷式的产品信息集合体。

相比于其他的新品内容说明文案而言，使用说明文案就显得多种多样，其写作格式也不拘一格，不可一概而论。其涉及的产品领域，也从虚拟到现实不定，但其整体上的目标一致，相关作用分析如下所示。

（1）引导使用群众的原因：多次测试设计、产品校对改善、安全实验证明。

（2）引导使用群众的作用：避免产品故障、避免额外损失、保证用户安全。

新品的使用说明文案根据产品属性的不同，难易程度也有所不同。现在社会产品极大丰富，种类繁多的特殊功能较为复杂，大众接触各种产品及其使用说明书的机会比较多，所以要想全方面地完成使用说明文案有一定的难度。

对于文案创作者而言，在进行文案创作之前，需要了解产品说明文案以及使用说明文案的不同，以及相关的内容结构设计。从实际的内容出发，相关的创作重点分析如图 8-35 所示。

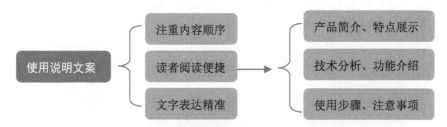

图 8-35　使用说明文案创作重点的相关分析

8.2.4　追求创新，打造卖点

在这个追求创新的时代里，打造卖点甚至比抓住卖点更为重要，但从层次上来说，打造卖点的前提是先抓住卖点。

大众喜欢独特的东西，文案写手必须了解这种大众心理，因为其在市场营销中也同样存在。如果产品相关的文案与大多数的产品一样，那么产品就不会受到关注，买的人也不会多，也就卖不出好价钱。

打造卖点的成功企业有很多，尤其是在目前的市场环境中，其中不少产品已经逐渐由新品成长为品牌。如图 8-36 所示，为主打高贵概念卖点、产品面向成功人士的西湖龙井茶。

图 8-36　主打高贵概念卖点的茶广告

对于新品而言，打造卖点并不是一朝一夕的事情，需要从多个角度共同打造。即使是产品有着独一无二的价值，也不能缺少文案的帮助。在实际的运作中，打造卖点相关的文案类型主要分为产品开发评价文案和产品创业策划文案。

1. 卖点打造一：产品开发评价

在一个完整的产品开发评价文案中，主要包括产品开发所需要经历的 8 个阶段，如图 8-37 所示。

图 8-37　产品开发的阶段

产品开发评价文案往往在内容上要包含了新品卖点的相关文案内容，比如需求说明、产品说明、服务说明和使用说明等。产品开发评价文案是新品文案中较为重要的部分，直接决定了产品后期的销售预期情况。

作为新品的产品开发评价文案，首先需要对新品进行定位。根据来源的不同，新产品至少可以分为两种，相关分析如图 8-38 所示。

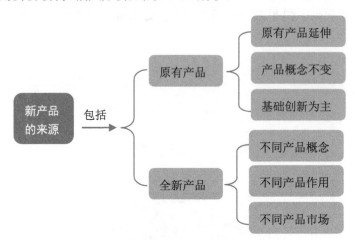

图 8-38　新产品的来源及相关分析

在目前的成熟企业中，根据原有产品进行创新而出现的新品较多，比如商家已经投放了普通的洗衣粉，接着又开发出了香味洗衣粉，这种新产品就是普通洗衣粉的延伸创新，同样拥有新产品概念。

在文案的创作重点上，产品开发评价部分主要集中于 5 个方面，也是文案内容的核心要点，相关分析如下所示。
- 第一部分：产品背景；
- 第二部分：产品定位；
- 第三部分：性能预期；
- 第四部分：成本预算；
- 第五部分：开发安排。

2．卖点打造二：产品创业策划

在主流的产品创业策划文案中，以大学生创业策划文案和市场型创业策划文案最为常见。两者存在一定的区别，尤其是针对新品上市的创业策划内容。大学生创业策划文案在内容上的要求较低，形式上较为自由，相关分析如图8-39所示。

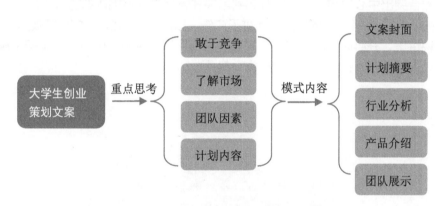

图8-39　大学生创业策划文案的相关分析

和大学生创业策划文案相比，市场型创业策划文案更加严谨，同时要求更高，在内容的深度与广度上的表达也更加突出，是策划文案的中心内容。对于新品而言，能否在产品创业策划方面取得成就，直接关系到产品能否投入市场。

8.2.5　文案类型，展示产品

新品文案的目标只有两个，分别是抓住卖点和打造卖点，在前面的内容中已经进行了详细分析。在实际的应用中，根据目标、环境和团队的不同，在各类文案的重点分析上也有所不同。下面对完整的新品文案进行分析，以了解新品文案的相关要求和重点展示。文案类型主要分为两种，相关分析如下所示。
- 常规式：内容面面俱到，形式统一，逻辑清楚。
- 图文式：直接面向产品受众，形式简单，内容明了。

针对这两种文案类型，下面一一进行介绍。

1. 常规式

在新品创业文案中，内容与产品紧密相关，由产品出发，主要的文案内容包括产品与技术介绍、市场分析与把握、营销需求的计划、战略发展的计划和产品与资本风险。新产品的策划文案中，创作重点主要是以产品为中心，通过产品进行全面内容的把握。实际的内容主要包括产品设想、产品评价、产品测试、产品推广、产品市场和产品发展等几个方面，这些方面也是新品文案中重要内容的直接体现。

2. 图文式

图文式的新品文案主要是针对产品的直接受众，而不是相关的渠道经营商或公司人员。从文案本身而言，大篇幅的文字是不可取的，一般情况下都以图文结合的方式进行，配合突出中心内容，往往能够起到常规式新品文案不能达到的效果。

例如，如图 8-40 所示的某品牌饼干广告，以图文相结合，文字"我想变，我想变成一块饼干，开心时，喂你吃，不开心，掉渣"以一种拟人的方式，再配上幽默的动漫，让人不禁哑然失笑，这样的广告文案是成功的。

图 8-40　图文结合的广告文案

8.3　善用技巧，完善文案

对于受众群体而言，每一个广告文案的标题在视野内停留的时间往往只有短短的一秒钟，决定是否查看内文的主要就在于标题。那么，在忙碌而信息泛滥的现在，如何用几个字就吸引住潜在对象，让其相信文案的内容值得一读？这就需要善用技巧，打造标题并引导流量。

8.3.1 创新标题，营造效果

文案是属于文字创意的工作，即使是文案标题创新，也必须要做到语不惊人死不休。所以做一个好文案很难，不仅需要具备广博的知识，而且要对文字有着相当精深的把握和运用能力。优秀的文案甚至能够成为网络段子，被无数人自主宣传着，其中的典型口号如图 8-41 所示。

图 8-41　成为网络段子的广告文案

当这个广告口号成为流行用语时，相关的差异创新型广告文案也随之而来。这也从另一个方面证明了通过范例进行创新的必要性，既保留了真实的文案内容，又借助了范例的影响力，达成宣传的目标。

8.3.2 以简为主，突显主题

文案主题是整个文案的生命线，作为一名文案人员，其主要职责就是设计和突出主题。主题要以内容为中心，用心确保主题的绝妙性，有一定的真实价值。整个文案的成功主要取决于文案主题的效果。

在任何一个文案中，中心往往最为醒目，文字也较为简洁，在广告类文案中，甚至只有一句话。

例如，如图 8-42 所示的某功能饮料广告的宣传文案，用"困了累了喝红牛"这一句话就能将产品的核心理念突显出来，直击消费者内心。

图 8-42　一句话式的广告类文案

8.3.3　通俗易懂，展示内容

　　文字要通俗易懂，能够做到雅俗共赏，是文案文字的基本要求。这也是在文案创作的逻辑处理过程中，策划人员必须了解的思维技巧之一。

　　从本质上而言，通俗易懂并不是要将文案中的内容省略掉，而是通过文字组合展示内容，如图 8-43 所示。

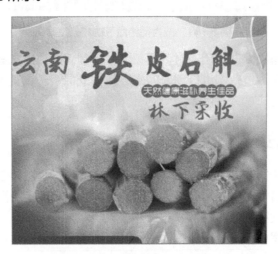

图 8-43　通俗易懂的文案文字

　　从通俗易懂的角度出发，我们追求的主要是文字所带来的实际效果，不求文学知名度。文字效果的要求是，不过于看重文字的实际性，或者考虑是否适用于媒体，是否适合市场，以及是否适合产品卖点。

8.3.4 明确内容,避免空泛

优秀的文案与产品结合,会产生出原本无法想象到的效果。比如某位设计师为红旗轿车写的文案,只有一句话:"从来没有一辆车,比它更适合检阅中国"。由此可见,有格局的精准文案能够将产品本身的品质提升上去。对于读者而言,广告文案应该是一种深层次的品位,而不是单调的代言词。

并不是每一个文案都能够成为有格局的文案,好的文案一定是深度挖掘目标群体的需求,结合产品自身差异化特质所达到的完美契合,最终的表现效果是能引起受众共鸣。如图8-44所示为产品与文案本身内容契合的案例。

图8-44 产品与文案本身内容契合的案例

8.3.5 用语谨慎,规避术语

专业术语是指特定领域和行业中,对一些特定事物的统一称谓。在现实生活中,专业术语十分常见,如在家电维修业中对集成电路称作 IC;添加编辑文件称加编;大企业中称行政总裁为 CEO 等。

专业术语的实用性效果不一,但是从文案写作的技巧出发,往往需要将专业术语用更简洁的方式替代。专业术语的通用性比较强,但是文案中往往不太需要。相关的数据研究也显示,专业术语并不适合给大众阅读,尤其是在快节奏化的生活中,节省阅读者时间和精力,提供良好的阅读体验才是至关重要的。

在文案中,文案创作者需要避免使用带有偏见的词汇,尤其是被社会普遍视为带有偏见意味的词。常见的有职业偏见,其中农民工、文秘等词语被讨论的次数较多。

除此之外,就是性别类的偏见,为了避免这个问题,一般策划人员在文案中避免提及性别,少部分文案中可以同时对两种性别都提及。

8.3.6 去除复杂，做到精简

成功的文案往往表现统一，失败的文案则是原因众多。在可避免的问题中，文字的多余累赘是失败的主因，导致的结果包括问题模棱两可、文字说服力弱、内容毫无意义。解决多余文字最为直接的方法就是将其删除，这也是强调与突出关键字句最为直接的方法。如图 8-45 所示的洗发水的广告文案，没有用复杂的形容词，只是用简短的一句话就将该产品的功能特点进行了透彻的说明。

图 8-45　突出强调关键字句

第 9 章

写作分析，注意要点

学前提示　对于文案创作本身而言，编写技巧是至关重要的部分，尤其是文案新手，更需要全面地了解文案学长方面的内容。本章主要针对文案写作的 6 个方面进行分析，逐步说明，通过技巧的传授，让大家更快地写出打动人心的文案。

要点展示

- ▶ 玩转文字，重在写作
- ▶ 写作禁忌，不可触犯
- ▶ 抓住卖点，产生共鸣
- ▶ 借助文学，自发传播
- ▶ 文案营销，讲好故事
- ▶ 文案故事，实施技巧

9.1 玩转文字，重在写作

文案策划人员是专业的文字工作者，需要一定的文字水平。而要想更高效率、更高质量地完成文案任务，除了掌握写作技巧之外，还需要学会玩转文字，让表达更合受众的口味。

9.1.1 段落长度，适当控制

控制段落字数，主要是将整体内容在字数上稳定在一个可以接受的范围内，这是首要的作用。除此之外，就是创造一定的韵律感，这种方式同样在广告类的文案中比较常见。图 9-1 所示为某品牌酒的广告文案，可以看到该系列文案便是带有一定韵律感的文案。

图 9-1　有一定韵律感的文案

控制段落字数同样有突出文字内容的作用，在长篇的文案中采用较多，主要起强调作用，让整篇文案看起来显得长短有致。这同样考验了文案写手的能力。

用一句话作为单独的段落，突出展现内容是文案写作的常用技巧。一句话的段落模式能够突出内容，也能够使呆板的文案形式变得生动。如果突然出现一句话成为单个段落，读者的注意力就会被集中过来。

在文案中，更为常见的就是一句话式的广告文案，这种文案文字精练，效果突出，甚至不需要前期的大段文字铺垫，就能够吸引到读者的兴趣。图 9-2 所示为某品牌的一句话式广告文案。

图 9-2　一句话式文案展示

9.1.2　分割内容，便于阅读

对非单句形式的文案来说，为文案内容进行合适的分割自然很重要，但为句子间造出顺畅的连接也同样重要。图 9-3 所示的一则广告文案，便是通过"即使…也有"句式成功地将文字连接在一起。而这样的处理，也让整个文案读起来非常顺畅。

图 9-3　顺畅的文字连接

9.1.3　视觉设计，突出字句

突出关键内容不仅可以从写作技巧方面入手，还可以在关键内容的视觉设计上做文章，强调与突出字句，比如文字加粗、变形、加色等。

例如，如图 9-4 所示为一则招聘文案，可以看到在该文案中"蚊子"两个字便是区别显示的，正是因为如此，受众第一时间便会被这两个字吸引。

图 9-4　区别显示的招聘文案

9.1.4　信息展示，全面呈现

文案内容信息的全面性，主要是指从多个角度对广告信息进行展示，满足受众对广告信息深度了解上的需求。

需要注意的是，除了全面性之外，还有一种方法就是通过重复的播放，来加深读者的记忆，在目标上与全面性是一致的。

为了达到最终的效果，有些企业选择通过多个不同形式的文案来表现。在这系列的文案作品中，文案所表现的信息内容之间，主要呈现 3 种不同的关系，相关内容如下所示：

- 信息并列关系。
- 信息同一关系。
- 信息递进关系。

全面展示内容的文案，很多情况下是通过几个文案组成一个系列。图 9-5 所示就是某产品的系列文案，该系列文案通过对不同使用对象进行解读，向受众展示其使用人群的广泛性。

图 9-5 某产品的系列文案

9.1.5 添加编号,引导阅读

对于文案而言,大量铺陈的内容往往让读者望而生畏,即使是逻辑清晰、排列整齐的文案,仅仅只靠一个标题还是很难将文案内容的信息完美传达出去,这时我们可以运用视觉设计中的一些方法来解决问题。

在文案中添加项目编号就是一个很好的办法。通常来说,在段落的中心字句前添加项目编号能起到一个类似目录的作用,让读者能够快速了解文案内容信息,如图 9-6 所示。

图 9-6 项目编号在文案中的应用

9.2 写作禁忌，不可触犯

与硬广告相比，文案不仅可以提供品牌的知名度、美誉度，同时发表在门户站点的文案更能增加网站外链，提升网站权重。然而，想要撰写出一篇好的文案并非易事，它对写作者的专业知识和文笔功夫有着很高的要求。

不少微信、App 运营人员和文案编辑人员在创作文案时，往往因为没有把握住文案编写的重点事项而以失败告终。下面就盘点一下文案编写过程中需要注意的 7 大禁忌事项。

9.2.1 文案创作，明确中心

有的文案策划人员在创作文案时，喜欢兜圈子，可以用一句话表达的意思非要反复强调，不但降低文章的可读性，还可能会令读者嗤之以鼻。尽管文案是广告的一种，但是它追求的是"润物细无声"，在无形中将所推广的信息传达给目标客户，过度地说空话、绕圈子，会有吹嘘之嫌。

此外，文案的目的是推广，因而每篇文案都应当有明确的主题和内容焦点，并围绕该主题和焦点进行文字创作。然而，有的写手在创作文案时偏离主题和中心，乱侃一通，导致受众一头雾水，营销力也就大打折扣。

图 9-7 所示为某运动品牌广告文案的部分内容，笔者只是在原文案的基础上去掉了品牌 LOGO。从这个处理后的文案，你能看出它是哪个品牌的营销文案吗？相信绝大部分受众看不出来。

图 9-7　某运动品牌广告文案的部分内容

9.2.2 内容求全，扣住核心

文案写作不需要很有特点，只需要有一个亮点即可，这样的文章才不会显得杂乱无章，并且更能扣住核心。

如今，很多的文案在传达某一信息时，通篇就像记"流水账"一般，毫无亮点，这样的文章其实根本就没有阅读价值，并且这样的文章字符较多，往往导致可看性大大降低，让受众不知所云。

不管是怎样的文案，都需要选取一个细小的点来展开文章脉络，归纳一个亮点，才能将文字有主题地聚合起来，形成一篇阅读价值强的文案。

9.2.3 追求质量，不求数量

文案相对其他营销方式成本较低，成功的文案也有一定的持久性，一般文案成功发布后就会始终存在，除非发布的那个网站倒闭了。当然始终有效，并不是马上就能见效，于是很多客户会一天发几十篇新闻稿文案到门户网站。

事实上，文案营销并不是每天发很多，更重要的是质量，一篇高质量的文案胜过十几篇一般的文章。然而事实却是，许多运营者为了保证文案的推送频率，宁可发一些质量相对较差的文章。

比如，在很多微信公众号中，几乎每天都会向受众推送内容，但是，自己的原创内容却很少，如图 9-8 所示。而这种不够用心的文案推送策略，所导致的后果往往就是内容推送出来之后却没有多少人看。

除此之外，还有部分微信公众号运营者仅仅将内容的推送作为一个自己要完成的任务，只是想着要按时完成，而不注重内容是否可以吸引到目标受众。像这一类的文案，质量往往没有保障，并且点击阅读数量也会比较低，如图 9-9 所示。

图 9-8 原创内容少

图 9-9 阅读数量低

针对"求量不求质"的平台运营操作误区，企业应该怎样避免呢？办法有两个，具体如下。

- 加强学习,了解文案营销的流程,掌握文案撰写的基本技巧。
- 聘请专业的文案营销团队,因为他们不像广告公司和公关公司那样业务范围广,而是专注于文案撰写,文案质量很高。

此外,对于一些低质量文案站点也要取缔,而常用的评判该类站点文案质量高低的工具是"百度绿萝算法"。

百度绿萝算法是百度于 2013 年 2 月 19 日上线的一种搜索引擎反作弊的算法。该算法主要打击超链中介、出卖链接、购买链接等超链作弊行为。该算法的推出能制止恶意交换链接、发布外链的行为,有效净化互联网生态圈。

9.2.4 粗心大意,容易犯错

众所周知,报纸杂志在出版之前,都要经过严格审核,保证文章的正确性和逻辑性,尤其是涉及重大事件或是国家领导人,一旦出错就需要追回重印,损失巨大。文案常见的书写错误包括文字、数字、标点符号以及逻辑错误等方面,文案撰写者必须严格校对,防止错误的出现。

(1)文字错误。文案中常见的文字错误为错别字,例如一些名称错误,包括企业名称、人名、商品名称、商标名称等。对于文案尤其是营销文案来说,错别字可能会影响文案的质量,这种错误在报纸中显得尤为重要。

例如报纸的定价,有些报刊错印成了"订价",还错误地解释为,"订阅价"不是报纸完成征订后的实际定价,好像发布广告时是一个价,到订报纸时是另一个价,这样的做法必定不符合实际。

(2)数字错误。参考国家《关于出版物上数字用法的试行规定》《国家标准出版物上数字用法的规定》及国家汉语使用数字有关要求,数字使用有三种情况:一是必须使用汉字,二是必须使用阿拉伯数字,三是汉字和阿拉伯数字都可用,但要遵守"保持局部体例上的一致"这一原则,在报刊等文章校对检查中错得最多的就是第三种情况。

例如"1 年半"应为"一年半","半"也是数词,"一"不能改为"1";再如,夏历月日误用阿拉伯数字,"8 月 15 中秋节"应改为"八月十五中秋节"、"大年 30"应为"大年三十"、"丁丑年 6 月 1 日"应改为"丁丑年六月一日"。还有世纪和年代误用汉字数字。如"十八世纪末""二十一世纪初",应写为"18 世纪末""21 世纪初"。

此外,较为常见的还有数字丢失,如"中国人民银行 2018 年第一季度社会融资规模增量累计为 5.58 亿元"。我们知道,一个大型企业每年的信贷量都在几十亿元以上,而整个国家的货币供应量才"5.58 亿元"?所以,根据推测应该是丢失了"万"字,应为"5.58 万亿元"。

(3) 标点错误。无论是哪种文章中，标点符号错误都应该要尽力避免。在文案创作中，常见的标点错误包括以下几种。

一是引号用法错误。这是标点符号使用中错得最多的。不少报刊对单位、机关、组织的名称，产品名称、牌号名称都用了引号。其实，只要不发生歧义，名称一般都不用引号。

二是书名号用法错误。证件名称、会议名称(包括展览会)不用书名号。但有的报刊把所有的证件名称，不论名称长短，都用了书名号，这其实并不合规范。

三是分号和问号用法常见错误。这也是标点符号使用中错得比较多的。主要是简单句之间用了分号：不是并列分句，不是"非并列关系的多重复句第一层的前后两部分"，不是分行列举的各项之间，都使用了分号，这是错误的。

还有的两个半句，合在一起构成一个完整的句子，但中间也用了分号。有的句子已很完整，与下面的句子并无并列关系，该用句号，却用成了分号，这也是不对的。

(4) 逻辑错误。所谓逻辑错误是指文案的主题不明确，全文逻辑关系不清晰，存在语意与观点相互矛盾的情况。

9.2.5 内容布局，排列有序

如果在文案内容的布局和书写上没有大问题出现，但内容呈现出来却是错乱的，此种情况下无法阅读，且极其容易影响读者的阅读兴趣。

况且，在手机界面上，由于其屏幕相对于 PC 端来说小得多，本来阅读就比较困难，如果还出现了排版错乱的问题，就阅读而言则更是雪上加霜。

因此，在撰写文案时，还需要注意读者的视觉效果，一个比较舒适的视觉环境，能让读者多一丝的耐心，停留在一篇文章上。

因此，最好每个自然段，不超过 150 个字，一般以 3 行一段，每段两至三个句号，给读者阅读喘息的机会。

当然并不是每一篇文章都是这样，撰写文案并不具有固定的写作手法，每篇文案都有自己独特的写作技巧，而这些技巧要看文案撰写者有没有抓住，若是没有把握，则可以按照"3 行一段不拢长"的做法进行。

另外，在手机界面发布的文案，尤其应该注意文字之间的间距，具体如下。

- 字符与字符之间应该留出更多的空白位置。
- 行与行之间应该加大相隔间距。
- 段落与段落之间(3～4 行文字之后)应该留出一定的间隔。

图 9-10 所示为某公众号文章的相关界面，可以看到其排版不仅是一段段的长文字，而且各段文字之间没有间距。这样看上去就是所有内容都挤在一起了，而许多受众在看到这样的排版之后，可能就不会再有兴趣看下去了。

图 9-10 某公众号文章的相关界面

9.2.6 了解产品，符合市场

文案，多是关于企业产品和品牌的文章，这些产品和品牌是处于具体市场环境中的产品，其所针对的目标也是处于市场环境的具有个性特色的消费者，因此，不了解具体的产品、市场和消费者情况，其结果必然会失败。

因此，在编写和发布文案时，必须进行市场调研，了解产品情况，才能写出切合实际、能获得消费者认可的文案。在文案编写过程中，应该充分了解产品，具体分析如图 9-11 所示。

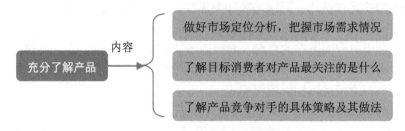

图 9-11 充分了解产品的相关分析

而从消费者方面来看，应该迎合消费者的各种需求，关注消费者感受。营销定位大师特劳特曾说过："消费者的心是营销的终极战场。"那么文案也要研究消费者的心智需求，具体内容如下。

（1）安全感。人在一般情况下都会选择趋利避害，内心的安全感是最基本的心理需求，把产品的功用和安全感结合起来，是说服客户的有效方式。

比如，新型电饭煲的平台销售文案说，这种电饭煲在电压不正常的情况下能够自动断电，能有效防范用电安全问题。这一要点的提出，对于关心电器安全的家庭主妇一定是个攻心点。

（2）价值感。得到别人的认可是一种自我价值实现的满足感。将产品与实现个人的价值感结合起来可以打动客户。脑白金打动消费者的恰恰是满足了他们孝敬父母的价值感。

例如，销售豆浆机的文案可以这样描述："当孩子们吃早餐的时候，他们多么渴望不再去街头买豆浆，喝上刚刚榨出来的纯正豆浆啊！当妈妈将热气腾腾的豆浆端上来的时候，看着手舞足蹈的孩子，哪个妈妈会不开心呢？"一种做妈妈的价值感油然而生，会激发为人父母的消费者的购买意念。

（3）支配感。"我的地盘我做主"，每个人都希望表现出自己的支配权利。支配感不仅是对自己生活的一种掌控，也是源于生活的自信，更是文案要考虑的出发点。

（4）归属感。归属感实际就是标签，无论是成功人士、时尚青年，还是小资派、非主流，每个标签下的人都有一定特色的生活方式，他们使用的商品、他们的消费都表现出一定的亚文化特征。

比如，对追求时尚的青年，销售汽车的文案可以写："这款车时尚、动感，改装也方便，是玩车一族的首选。"对于成功人士或追求成功的人士，文案可以这样写："这款车稳重、大方，开出去见客户、谈事情比较得体，也有面子。"

9.2.7 缺乏方案，不能坚持

活动营销需要发布文案，文案发布就是把文案发布到一些网络新闻媒体上，如果有资金支持的话，可以发布到新浪、163、QQ 等门户网站；也可以发布到一些地方门户网站，还可以发布到 A5、chinaz 等站长网站，也可以发布到 SNS 社区网站，当然最简单的是发布到相关论坛。

文案发布只要有媒体资源就可以做到，但微信、App 平台运营上的文案推送远远不止这些。

如果把平台文案运营比作一顿丰盛的午餐，那么，文案的干货内容就是基本的食材，文案的编写是食材的相互组合和制作，文案的发布就是餐盘的呈现顺序和摆放位置，这些都需要有一个全盘的策划，平台文案营销也是如此。

微信、App 和自媒体平台的文案营销，需要有一个完整的整体策划，还需要将企业的行业背景和产品特点相结合，根据企业的市场背景做媒体发布方案、文案创意人员策划文案等，而不仅仅是文案的发布这一个动作。关于文案的策划流程，具体介绍如图 9-12 所示。

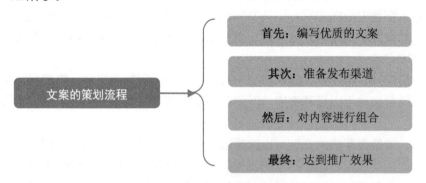

图 9-12 文案的策划流程

对于文案营销推广，有的客户一天发好多篇，但也有客户一年发一两次。笔者了解到，许多推广客户觉得文案可以做些口碑，但是直接带来的客户还是很少，因此只是在工作之余才发几篇文章。

其实，文案营销是一个长期过程，别想着只发一篇文案就能带来多少流量，带来多少效益；也不是"三天打鱼，两天晒网"，今天发十篇，下个月想起来了再发几篇，毫无规律。

文案营销，从实质上来看，并不能直接促成产品成交，但长期有规律地发布文案可以提升企业品牌形象，提高潜在客户的成交率。所以，要想让文案营销对受众产生深刻的影响，还得长期坚持文案推送。

潜在用户一般是通过广告认识企业，但最终让他们决定购买的往往是长期的文案催化。当用户长期见到这个品牌文案，就会不知不觉地记住它，潜意识里会形成好印象，最后当用户需要相关产品时，就会购买了。

因此，在微信、App 和自媒体平台的运营中，文案的编写和发布是长期坚持地去经营，"坚持就是胜利"对文案营销而言，并不只是说说而已，它要求去具体地实施，并在这一过程中获取胜利的目标。对于坚持而言，它有两个方面值得运营者注意，一是方向的正确性，二是心态与行动的持续性。

（1）方向的正确性。只有在坚持的过程中保证方向的正确性，才不会出现与目标南辕北辙的情况，才能尽快地实现营销目标。在文案营销中，方向的正确性具体可表现在市场大势的判断和营销技巧、方式的正确选择上。

(2) 心态与行动的持续性。在营销过程中，必须在心态上保持不懈怠、行动上继续走下去，才能更好地获得成功。

以微信朋友圈为例，活动策划者要想获得预期的文案营销效果，长久、坚持不懈的经营可以说是不可或缺的。那么，微信朋友圈如何坚持文案营销呢？具体内容如图 9-13 所示。

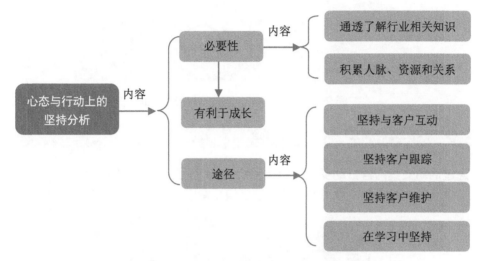

图 9-13　心态与行动上的坚持分析

9.3　抓住卖点，产生共鸣

卖点是产品销售经营的关键要素，只有将卖点嵌入到产品中才能变成商品，实现获得利润的根本目标。

那么，作为产品宣传工具的活动文案，首要任务就是突出产品的卖点，而活动文案要宣传产品，就要先抓住卖点。下面以卖点为中心，就活动文案的创作进行相关分析介绍。

9.3.1　顾客角度，推荐产品

以消费者的身份去介绍产品的卖点总是更容易被顾客接受，因为商家的最终目的始终是追求利益，所以相较于商家，消费者更愿意相信已经有过消费经历的人或是自己熟悉了解的人的推荐，广告代言便是以此作为出发点。

如图 9-14 所示，某品牌儿童牛奶的广告宣传文案就是以孩子作为代言人，以顾客的身份去向大众推荐产品。

图 9-14　代言人以顾客的身份推荐产品

9.3.2　卖弄情怀，产生共鸣

通过活动文案内容打动受众，引起受众的共鸣，从而将宣传受众转化为品牌的顾客，这是活动文案宣传中常见的模式，这类模式常以卖情怀为主，如图 9-15 所示。

图 9-15　成功的情怀活动广告文案

9.3.3　销售依据，支持论点

活动文案向受众推销产品就要有依据，从事实出发往往更有信服力，如"行业领先""冠军品牌"等字眼往往让消费者有一种信赖感。如图 9-16 所示为香飘飘奶茶广告，用"连起来可绕地球十圈"的广告语来表现其销量之高。

图 9-16 突出销售论点

9.3.4 提供承诺，附加服务

所谓"次要承诺"就是除产品本身外提供附加服务的承诺，在广告中常见的"五年保修""七天无效退款"等就属于次要承诺，如图 9-17 所示。

图 9-17 "次要承诺"增加受众信赖度

9.3.5 明确卖点，独特销售

产品要立足于市场，就要有自己独特的卖点，活动文案要想出众优秀，也要在宣传卖点上有独到之处。明确独特的销售卖点，可以从以下 4 个方面入手：

- 强调大部分人还不知道的产品益处。
- 用戏剧化的方式呈现产品功效。
- 设计别出心裁的产品名称和包装。

- 建立长期品牌个性。

9.3.6 5个阶段，促进销售

促销一直是活动文案的一项重要任务，文案想要更好地促进销售，就要掌握促销的5个阶段，相关分析如图9-18所示。

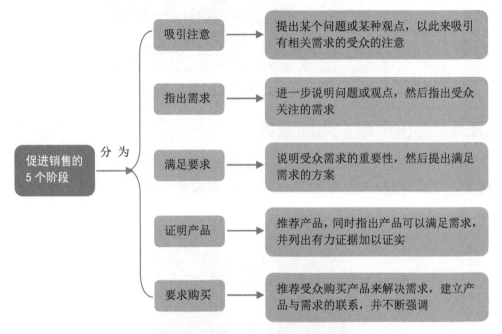

图9-18 促销的5个阶段的相关分析

9.3.7 熟记公式，打动受众

所谓"BFD文案公式"是指信念(B)、感受(F)、渴望(D)，即指同时能够在理性、感性、个人3个层面打动受众，相关分析如图9-19所示。

图9-19 "BFD文案公式"的相关分析

1. 说明清单提高"购买意愿"

所谓"购买意愿"是指顾客在收入一定的情况下,是否愿意按照市场上普遍的价格来购买产品。面对同样的两种产品,多数人都会选择价格较低的一方。产品若要在不变动价格的基础上提高市场竞争力,就要尽可能地将自身优势在文案中列举出来。

2. 长篇文案 VS 短篇文案

文案的长短是相对而言的,短的文案可以只有一句话,长的文案则可能达到上千字,文案的长短也没有优劣之分,只要是达到了文案的目标即可,关键要看产品的宣传需要,相关分析如图 9-20 所示。

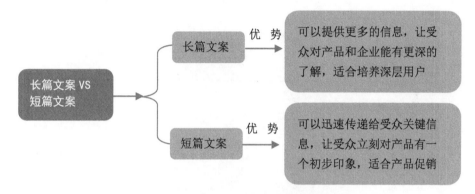

图 9-20 长篇文案与短篇文案的优势分析

9.4 借助故事,自发传播

所谓故事性文案,就是指借助文学创作中的手法,通过新鲜奇特和独具一格的情节设计来将商品和服务的信息展现给受众。

商家在进行文案营销时,经常选择故事性文案,优秀的故事性文案甚至可以让受众自发地传播。相较于其他类型的文案而言,故事性文案的优势有以下几方面。

- 更加吸引眼球。
- 更具亲和力。
- 激发购买欲望。
- 深层次传播。

9.4.1 艾达公式,吸睛为主

AIDA 公式也称艾达公式,是推销学中的一个经典公式,也是消费者接收广告的心理过程。其中 A 为 Attention,即引起注意;I 为 Interest,即诱发兴趣;D 为

Desire，即刺激欲望；最后一个字母 A 为 Action，即促成购买。在这一过程中 Attention 尤为重要，没有这个基础，"诱发兴趣""刺激欲望""促成购买"都会变成空谈。因此，如何吸引眼球是营销文案的首要任务。

而在信息丰富的今天，媒介增多，营销信息随时可能被淹没在信息的海洋里，而能被受众接收的信息通常又很有限，部分商家过于夸张的营销宣传也使消费者有了一定的"免疫力"，而此时故事性文案的第一点优势就表现出来了——形式新奇独特和内容商业性不强。例如康师傅的"茉莉清茶"系列电视广告，以人物的感情纠葛为主要表现内容来吸引眼球，再在其中频繁地表现产品和宣传口号来达到营销目的，如图 9-21 所示。

图 9-21　康师傅"茉莉清茶"广告

9.4.2　融合故事，贴近生活

感性诉求要比理性诉求更为吸引人。故事性文案的第二个优势就在于它可以将受众生活中可能遇到的情况与产品结合，再巧妙融入到一篇或多篇小故事中，使文案充满日常趣味，语言贴近生活。如果附带着具有悬念的故事情节，阅读文案就如同看小说，这样就有效增强了产品的亲和力，相关分析如图 9-22 所示。

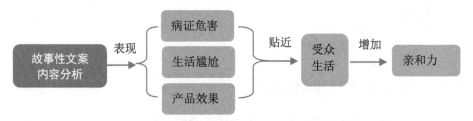

图 9-22　故事性文案增加亲和力相关分析

9.4.3 再现情境,煽动情绪

通过深度揣摩和把握受众的消费心理,故事性文案可再现生活情境,利用某一个案引起受众的共鸣感受,以此来达到共性认知的传播效果,这样往往能充分激发出受众的购买欲望。而对于已有购买欲望却又犹豫不定的受众,故事性文案通过表现具有煽动性的故事,往往能促使这些受众立刻进行购买行动。

如图 9-23 所示,这是一家土鸡料理店的故事文案,故事通过讲述一只土鸡的励志故事,让受众在阅读故事的过程中对土鸡有所了解,从而激发受众对土鸡的购买欲望,而对购买产生犹豫的受众也很容易因被土鸡的励志故事感动而去进行消费。

图 9-23 土鸡料理店的故事文案

9.4.4 层次传播,"声"入人心

在社交网络发达的现今社会,人们总是热衷于在网络的社交媒体上分享一些奇闻,文案营销也常常借势这种现象。一些有趣的广告语经常会成为网络流行用语流传在各大社交平台。优秀的故事性文案也可以被受众自发性地分享,得到更深层次的传播。相关分析如图 9-24 所示。

如图 9-25 所示,这是某小吃店的故事性文案广告,在经过网民发掘恶搞后开始在贴吧等各大论坛迅速流传。

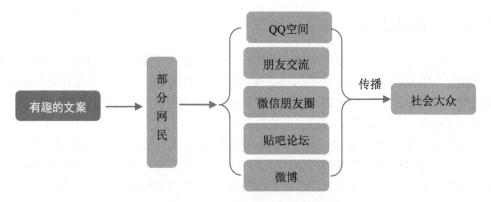

图 9-24 受众自发传播文案的相关分析

图 9-25 某小吃的恶搞广告

9.5 文案营销，讲好故事

文案营销想要讲好一个故事并不容易，因为文案营销终究还是离不开利益目标，而多数人对于利益问题都比较敏感。

只讲了一个好故事而没有将要营销的产品融入其中的文案不算是合格的故事性营销文案，而为了营销生硬地将产品放入故事中更谈不上合格的故事性营销文案。文案营销想要讲好故事，可以从以下的 5 个方面入手。

- 为用户讲故事要诚实。
- 采用互联网的叙述方式。
- 讲一个用户想听的故事。

- 品牌文化的真情营销故事。
- 详情页中的"故事"文案。

9.5.1 谨记大忌，实事求是

虚假宣传是文案营销中应当注意的大忌，虚假宣传不仅不能给品牌带来持续长久的利益，还会破坏品牌形象，危害企业的长期利益，所以在进行故事性文案营销时要对顾客诚实。

企业文案营销有失诚信会直接产生 3 大不良影响，分别是品牌形象崩塌、忠实客户流失和相关行政处罚。

9.5.2 网络叙述，幽默搞怪

随着信息技术的发展，互联网已经成为文案营销的首要战场，又随着网络文化的发展，互联网也产生了一种幽默搞怪的独特叙述方式。想要让网络上的受众来聆听你的故事，那采用互联网的叙述方式是最好的办法。

如图 9-26 所示，这是某品牌薯片的广告文案，通过将薯片作为伞为伞下一对情侣遮雨来吸引好奇的受众，最后再以搞怪无厘头的方式结束故事，在互联网叙述的方式下也并没有引起受众反感。

图 9-26 某品牌薯片的广告文案

9.5.3 找准受众，收获认可

大多数人都不爱听大道理，所以文案营销最好讲个小故事。故事与受众的身份与地位无关，《男人装》和《读者》有各自的目标读者，候车大厅里的财经杂志同样也靠商业故事让白领们沉醉。文案营销也是如此，找准自己的受众，讲一个用户想听的故事有时候比讲一个精彩的故事更重要。

如图 9-27 所示，这是某品牌酒的一则文案，以用户的视角讲述自己与产品相关的一些经历和感受，内容说不上有多精彩，但仍能打动受众，引起他们的共鸣，以此收获了他们对产品的认可。

图 9-27　某品牌酒的故事性文案

9.5.4　详情作用，留住受众

如果说文案标题的作用是吸引受众查看文案信息，那文案详情页的作用就是留住受众阅读文案信息了。据分析，当详情页太长时，超过 40%的受众会选择所需要的内容跳着浏览。综上所述，详情页的内容对留住用户有着重要的作用。那么在详情页用简短的"故事"来留住受众就显得尤为重要了。

如图 9-28 所示，这是某女装产品广告文案的详情页信息，这里没有像一般的详情页信息一样直接介绍产品特点和信息，而是通过一段"故事"性的语言将产品的信息"说"了出去。

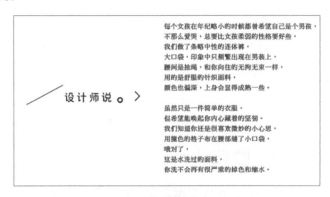

图 9-28　详情页中的"故事"

9.5.5 品牌文化，真情营销

迪士尼于 1928 年创造出米老鼠"米奇"，"米奇"形象的出现完成了把"老鼠变成米老鼠"的概念转换。"老鼠"在欧美地区民众的心里印象极其恶劣，因为它曾是在欧洲夺去数千万人生命的黑死病病毒的传播者。

可是米奇就不一样，虽然它的形象是老鼠，但却可以给人们带来快乐，可以获得众人的热爱与好印象，米老鼠品牌也因此而形成。

促成这一转变的过程就是故事。成功的品牌背后往往都有着精彩的故事。成功的品牌总是很擅长"讲故事"，它们熟知如何将品牌的历史、内涵、精神表达给受众，然后在潜移默化中完成品牌理念的灌输。

如图 9-29 所示，这是纪梵希口红的故事性文案广告。纪梵希是一个人名，他与赫本的故事更是广为人知，纪梵希为了赫本终身未娶，后来一个成了酒吧，一个成了口红，看尽世间暧昧尝尽人间朱唇，纪梵希和赫本的爱情故事就是本着"我爱你，你随意"的宗旨，也是通过这样一个爱情故事成就了纪梵希口红的品牌。

图 9-29 纪梵希的故事性文案

9.6 文案故事，实施技巧

了解了故事性文案的优势和在文案营销中的重要作用后，接下来本节将介绍故事性文案的相关写作和应用技巧，相关内容如图 9-30 所示。

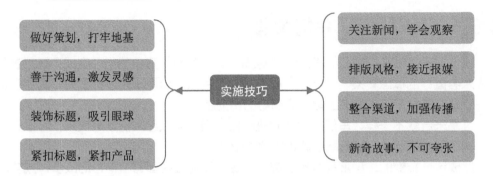

图 9-30 故事性文案的实施技巧

9.6.1 内容为主,形式为辅

文案传达的内容比传播的形式要更为重要,"说什么"要比"怎么说"更值得文案工作者关注。产品定位、目标人群、宣传策略、价格策略、渠道策略等,才是产品成功的基石,故事性文案终归还是为产品吸引用户的手段。在产品的销售中,文案犹如门面,产品犹如房屋,房屋不牢固,故事性广告再精彩也没有意义,相关分析如图 9-31 所示。

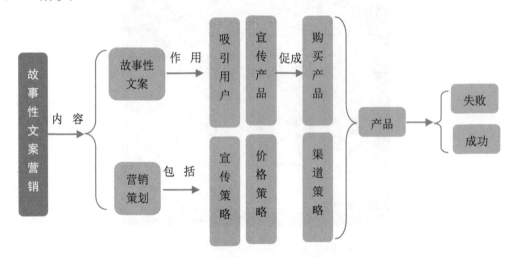

图 9-31 产品本身在文案营销中的地位分析

9.6.2 搭建桥梁,激发灵感

文案营销是在商家和用户间搭建桥梁,所以文案工作者要善于与客户和用户双方交流,写作文案时要对他们进行深入了解和沟通,只有对商家想要的宣传效果有了充分的理解,才能制定文案宣传目标;只有对用户的需求、喜好、情感等多方面有了十足的了解，才能创作出迎合受众喜好需求、被受众所接受认可的故事。并且这样的沟通也常常能为文案工作者提供意想不到的创作灵感。

如图 9-32 所示，这是滴滴打车的宣传推广文案，文案将滴滴司机的交流采访作为主要内容，表现了滴滴司机对产品的真实感受，也通过对滴滴司机们的精神风貌展示，让受众感受到了滴滴打车带来的正能量，使整个文案显得更生动逼真，更具现场感，更具可读性和可信性。

(1)

(2)

图 9-32　滴滴打车的创意文案营销

9.6.3　装饰标题，引发兴趣

文案标题的创作犹如画龙点睛，好的标题能让整篇文案得到提高。用一句话瞬间把消费者的注意力抓住是故事性文案的重要任务。标题必须吸人眼球，能让人产生浓厚兴趣，就如同侦探小说中的"盲点"，要让人对真相似乎有了一些发现；又如犹抱琵琶半遮面的美人，让人心痒难耐地想要看到她的真容。如图 9-33 所示，该文案以

"我是谁"为标题，极度吸引人的眼球，让人迫不及待地想要了解接下来的内容。

图 9-33　以标题内容来吸引眼球

9.6.4　紧扣标题，推销产品

写作好的故事性文案，就要像写作小说一样。因为篇幅简短，所以小小说的内容通常紧扣标题，故事性文案也是如此，要紧扣标题。然而如果被标题吸引而来的受众没有看到与之相关的内容的话，很快便会失去继续阅读的兴趣，因此，情节必须减少铺垫，主题要单刀直入，抓住关键进行诉求。但也不能光讲故事，故事性文案的目的最终还是为了推销产品，所以故事情节要紧扣产品，情节必须起于产品所指，最终归于产品。切入点要准确，最大限度提高情节有效率。如图 9-34 所示，这是绝味鸭脖的广告文案，文案中的"绝味"字与品牌名称紧紧相扣。

图 9-34　绝味鸭脖的故事性广告文案

9.6.5　借势时事，提炼自身

如今文案营销借势时事已经成为一股不可避免的趋势，闭门造车毕竟没有活生生的现实来得直接、鲜活。故事性文案的创作也可以搭借新闻热点的顺风车。优秀的故事性文案自身都有可能成为一种"病毒"，成为人们茶余饭后的谈资，成为其他文案借势的对象，达到更广阔的营销效果，如图 9-35 所示。

图 9-35 必胜客借势高考的文案

例如，猴年春晚前两月，网络上正在就老版西游记中孙悟空的扮演者六小龄童不能参加猴年春晚而进行一场大讨论，百事可乐抓住了这个热点，邀请六小龄童拍摄了一支名为"猴王世家"的微电影广告，取得了巨大的营销成果，如图 9-36 所示。

图 9-36 百事可乐借助六小龄童的故事营销

9.6.6 文案排版，借鉴报媒

排版是故事性文案整体表现力的重点。应做到以下 3 点：第一，故事性文案必须与产品实现互动，一般采取最后推出推荐产品的方法。整体风格上接近报媒，增强了广告营销的隐蔽性。比如文案表现上对报纸在栏目设计、底色处理等方法进行借鉴，如图 9-37 所示。

图 9-37　报纸广告版面展示

第二，多个小故事排版明快、不拥挤、层次分明，给受众一种良好的视觉体验，以此来达到减轻阅读压力、吸引注意的目的，如图 9-38 所示。

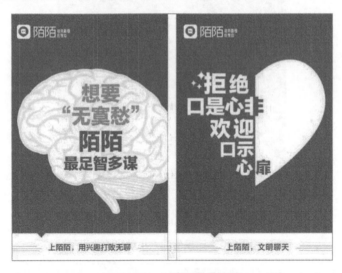

图 9-38　多版面文案展示

第三，文案内容需与配图进行合适的搭配，增强受众的第一印象，选择有特点、易于吸引人注意的图片，或使用实拍照片，通常更能让人产生信任感，并能让人记住。对于一些用被频繁使用的图片,采用时要谨慎取舍,如图 9-39 所示。

图 9-39　图文结合文案展示

9.6.7　渠道推广,形式效应

文案营销不能孤军作战,必须在不同的阶段有分别地推广产品,根据具体状况,加强在不同传播渠道的推广,如电视专题片、电台讲座、终端 pop、人员传播等,以此来达到更好的传播效果,形成立体式传播效应,相关内容如图 9-40 所示。

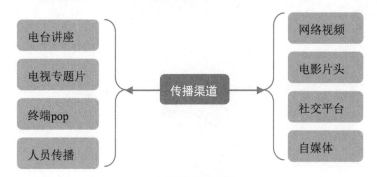

图 9-40　文案营销的传播渠道

故事性文案更可以借助其传播优势,在网络社交平台、自媒体等领域多方面传播,如图 9-41 所示。

图 9-41 传播到电影荧幕上的文案

9.6.8 新奇故事，掌握好"度"

新奇的故事是故事性文案的重要特征。但进行故事性文案创作时必须要掌握好故事新奇的"度"，要充分考虑到受众的心理承受程度。过于新奇的故事不仅不会吸引大多数受众，还会让他们对文案敬而远之。没有差异、不新奇的故事性文案，会被淹没在营销世界的海洋；但过于夸张的故事，也会把人吓跑，达不到宣传效果。

如图 9-42 所示，这是大众点评的宣传广告图，图片通过用夏娃的形象和文字"夏娃不贪吃连人类都没有"这种搭配做出大胆的假设，从而引出大众的好奇心，所以这样的广告文案总体来说也不会引起反感。

图 9-42 大众点评的宣传广告图

第 10 章

综合实战，多种类型

学前提示 社会活动的形式多种多样，在活动策划方面自然也要划分类型，每一种活动策划都有它们自身的独特之处。本章就将以实战为主，介绍分析多种活动策划的写作。

要点展示

- ▶ 节日活动，巧借气氛
- ▶ 促销活动，增加收益
- ▶ 会展活动，重在交流
- ▶ 企业活动，形式多样
- ▶ 公关活动，展示形象
- ▶ 大学活动，增加经验
- ▶ 微信活动，引流战场
- ▶ 行业活动，提高销售
- ▶ 互联网活动，走在先列

10.1 节日活动，巧借气氛

节假日一直都是企业开展活动的契机，所以活动策划者也需要掌握节假日活动的策划要点，只有这样才能巧妙借助节假日的气氛，顺势实现活动目的。本节就以元宵节和情人节为例，讲解节假日活动策划的相关内容。

10.1.1 元宵活动，灯谜助力

对于消费者来说，元宵节是一个看元宵喜乐会、跟家人在一起"团团圆圆过元宵"的日子，而对于企业来说，元宵节却是进行促销活动的契机，下面就来了解元宵节活动策划的相关内容。

活动策划中的前期构思准备工作是决定元宵活动能否成功的一大因素。由此，活动策划者在进行元宵活动策划时，需要先考虑以下 3 个问题：

- 活动面向的人群有哪些？
- 活动开展的方式有几种？
- 活动预计的规模是什么？

元宵节猜灯谜是富有民族风格的一种文娱形式，也是上古流传下来的节日习俗，由此，活动策划者可以将元宵灯谜作为活动重点，吸引消费者的注意力，并制定猜谜规则，以奖品作为"助力"，推动消费者积极参与。

若活动目的是促销产品，则可与商场合作，只要消费者在商场当天消费额达到规定范围，且消费产品中包含企业指定产品，即可参与元宵猜灯谜活动，就算猜错了也可以得到一份纪念品。

这样的元宵活动作用有 3 点，如下所示。

- 促进产品销量。
- 提高产品知名度。
- 提高品牌美誉度。

10.1.2 情人节活动，调动情绪

活动策划者不管是进行情人节活动策划还是进行其他活动策划，之前都需要沉下心来构思活动中可能出现问题的解决方案，然后撰写进活动策划书中，这样活动开展起来才会事半功倍。在活动策划中经常需要面对的 8 个问题如下：

- 目的是什么？
- 该怎么做？

- 何时会完成？
- 在哪进行？
- 需要谁？
- 预算是多少？
- 这么做的原因？
- 如何评估效益？

活动策划者在进行情人节活动策划的过程中，要考虑活动整体开展节奏的连贯性、合理性，只有这样才能在一定程度上调动参与者的情绪。

一般来说，活动策划者可以从两个方面控制活动的整体节奏，如图10-1所示。

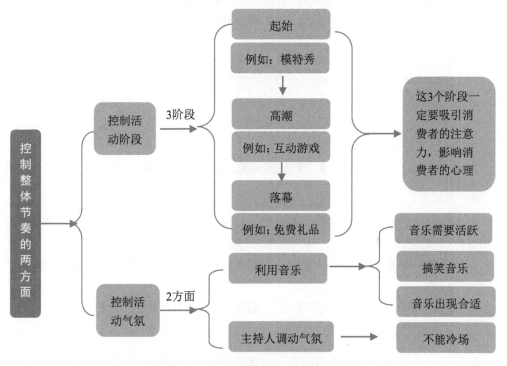

图10-1 控制活动整体节奏的两个方面

10.2 促销活动，增加收益

促销活动一直都是企业所热捧的营销方式，相比其他类型的活动，它较容易让企业提高产品销量，而销量的提高对于企业来说，是增加收益的渠道之一。

由此可知，促销活动对于企业来说是比较重要的营销手段。本节就将讲解促销活动策划的相关内容。

10.2.1 线上推广，保障活动

随着互联网的发展，种类繁多的线上推广活动也顺势崛起，对于活动策划者来说，选择一个合适的活动推广方式，就是对活动可执行力的一种保障，下面就来了解线上促销活动常用的 3 种推广方式。

1．方式一：微信公众号

一般来说，消费者只会对某企业、产品感兴趣，才会长久关注此企业的微信公众号。这就说明，企业微信公众号所面对的人群，几乎都是忠实用户和潜在用户，若企业在微信公众号中推广活动，定然能引起不少人群的兴趣。

而在微信公众号中推广促销活动时，需要掌握 6 大要素，如图 10-2 所示。

图 10-2　微信公众号推广促销活动的要素

2．方式二：网站广告

线上促销活动若想进行网站广告推广，就需要注意推广促销活动对网站平台的选择和推广促销活动广告的内容，分别如下所示。

- 选择一个合适的网站：需要人气高，适合企业产品做推广活动和能够承担广告费。
- 制作有质感的广告：图文并茂、幽默风趣和简要诉说活动流程。

3．方式三：微博

微博是一个造就热点时事的地方，也是人们在休闲时喜欢逗留的平台，活动策划者一定不能放过每月能聚集 2.36 亿活跃用户的微博平台。一般来说，促销活动若想进行微博推广，则需要掌握 3 大要素，分别是必须具有吸引力、促销力度要强和讲明活动流程。

当然，除了促销活动的推广方式外，还需要注意促销活动开展的时间。促销活动的开展时间并不是随心所欲地进行选择，而是需要找准合适的时机，这样才有事半功倍的效果。且促销活动不要开展得太频繁了，不然消费者会认为企业不管怎样做促销活动，都不会亏本，或者认为企业不做促销活动时会故意抬高价格，这对企业声誉来说，都备受影响。

那么对于线上促销活动来说,何时才算好时机呢?如表 10-1 所示。

表 10-1 适合开展促销活动的好时机

时机	当日时间	开展时间
春节	农历正月初一	一般在春节前 5 天内进行促销活动即可
元宵节	农历正月十五	前 3 天包括当天在内共 4 天的任意时刻进行活动的开展
儿童节	阳历 6 月 1 日	
端午节	农历五月初五	前后 2 天包括当天在内共 5 天的任意时刻进行活动的开展
七夕情人节	农历七月初七	前 3 天包括当天在内共 4 天的任意时刻进行活动的开展
教师节	阳历 9 月 10 日	
中秋节	农历八月十五	前后 2 天包括当天在内共 5 天的任意时刻进行活动的开展
国庆节	阳历 10 月 1 日	前 2 天、后 6 天包括当天在内共 9 天的任意时刻进行活动的开展
元旦	阳历 1 月 1 日	前后 2 天包括当天在内共 5 天的任意时刻进行活动的开展
天猫女王节	阳历 3 月 7 日	当天的前后 2 天内开展活动
妇女节	阳历 3 月 8 日	
劳动节	阳历 5 月 1 日	前后 2 天包括当天在内共 5 天的任意时刻进行活动的开展
双十一	阳历 11 月 11 日	前 5 天包括当天在内共 6 天的任意时刻进行活动的开展
双十二	阳历 12 月 12 日	
开学季	每年 3 月 1 日和 9 月 1 日	在开学的前 10 天内进行活动的开展
换季	每年四季更换日	在换季的前 10 天内进行活动的开展
周年庆	根据企业周年时机判定	前 3 天包括当天在内共 4 天的任意时刻进行活动的开展

10.2.2 线下活动,加大力度

对于消费者来说,促销活动是否吸引他们,取决于两个方面,分别是促销力度和促销内容。那么,活动策划者要怎样做才能让促销力度和促销内容令消费者满意呢?

那就需要活动策划者在线下促销活动运营过程中,实行两大策略,具体如图 10-3 所示。

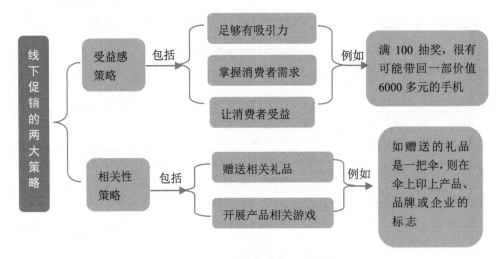

图 10-3　线下促销活动运营策略

10.3　会展活动，重在交流

所谓会展活动，是指在某个空间范围内，围绕一个主题而开展的社会交流活动。其中包括文化主题活动、展览主题活动、节庆主题活动等。本节就将讲述会展活动的相关内容。

10.3.1　围绕主题，宣传文化

所谓的文化主题活动，是指以某一文化为主题，围绕这一文化的特点、历史等方面的内容宣传文化。文化主题活动是否能引起人们的注意，重点在于活动的宣传，若前期活动宣传做得好，那么在活动当天定然会受到广大媒体的关注。

一般对富有文化底蕴的活动来说，尽量选择比较权威的宣传方式，这样才能让人们觉得更加真实、可信。若活动经费足够，则可以联系新闻媒体，借他们之手来宣传文化主题活动。

若活动经费不足够，活动策划者可以用撰写软文的方式在网络上进行活动的宣传工作，值得注意的是，活动策划者在撰写软文时，需要以新闻的口吻来描述活动，这样才能为文章增添一些权威色彩，让人们产生信任感。

简单来说，活动策划者在撰写活动软文时，需要站在媒体的角度，以第三方的口吻来报道活动相关内容，以非专业人士难以辨别的正规新闻格式宣传活动。那么，新闻稿的格式是怎样的呢？如图 10-4 所示。

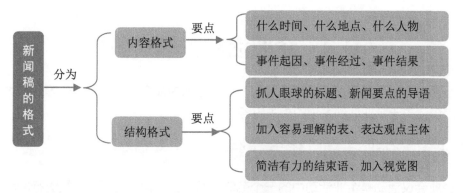

图 10-4　新闻稿格式

10.3.2　主题展览，内容吸睛

展览主题活动是随着社会 3 个方面而产生发展的会展活动，如图 10-5 所示。

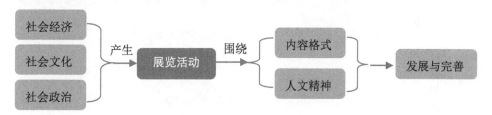

图 10-5　展览主题活动

展览主题活动的主题十分重要，要做到主题唯一，要让整个展览主题活动与活动主题高度契合，只有这样展览主题活动才能受到大众的喜欢。除此之外，展览中的内容才是展览主题活动的重中之重，一个好的展览内容，就是一个吸睛点。那么展览主题活动内容需要具有哪些因素才能成为人们感兴趣的内容呢？如图 10-6 所示。

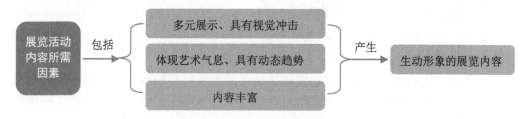

图 10-6　展览主题活动内容所需因素

除了主题要唯一外，活动策划的市场调研也十分重要，特别是对于那些初出茅庐的活动策划新手来说，若不进行市场调研，则很容易出现 3 大问题，分别是跟不上市场节奏、出现很多漏洞和难以为品牌增加知名度。

10.4 企业活动，形式多样

所谓的企业活动是指企业内部活动，其中包括内部会议、员工娱乐等活动类型。本节来讲述关于企业活动策划的相关内容。

10.4.1 会议活动，突发进行

企业会议活动是企业活动中的一个范畴，每个企业都会进行，只是进行的种类不一样。企业会议活动并不是一种"突发性"的活动，它是需要活动策划者经过周密的思考、完整的规划而产生的成功会议活动。下面就来了解企业会议活动的策划要点，如图10-7所示。

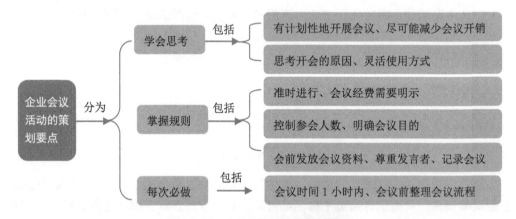

图10-7 企业会议活动的策划要点

10.4.2 员工娱乐，增进感情

企业员工娱乐活动最为核心的要点就是让员工感到快乐，既能放松自己又能与同事增进感情，而最能达到这种效果的就是互动游戏。

一个好的互动游戏，是最容易调动参与者的情感和最能激发快乐的一种活动模式。由此，企业员工娱乐活动的成功诀窍就在于活动中是否拥有能够调动员工好情绪的互动活动。

那么，对活动策划者所策划的互动游戏有什么样的要求呢？如图10-8所示。

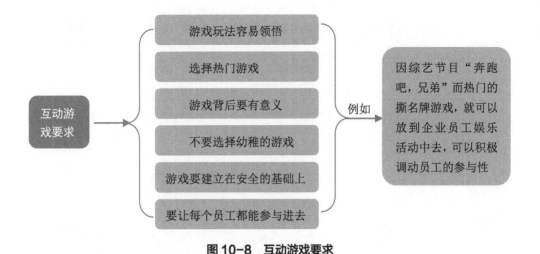

图 10-8 互动游戏要求

10.5 公关活动，展示形象

对于企业来说，公关活动是提高品牌知名度、美誉度、认知度的一种渠道，即通过活动的方式让公众对企业产生新的看法。

所谓的公关活动，并不是促销活动，而是一种展示企业品牌形象的活动。本节就将讲解公关活动策划的相关内容。

10.5.1 公益活动，提高声誉

企业在进行公益活动的过程中，传播效益非常重要：若传播不佳，则难以引起人们的关注，难以达到企业进行公益活动的目的；若传播极佳，则能引起轰动，届时不管对公益活动的效果还是企业提高品牌知名度的目的来说，都能达到企业之前的预想。

那么公益活动应该如何去进行传播呢？可从 3 个方面入手，如图 10-9 所示。

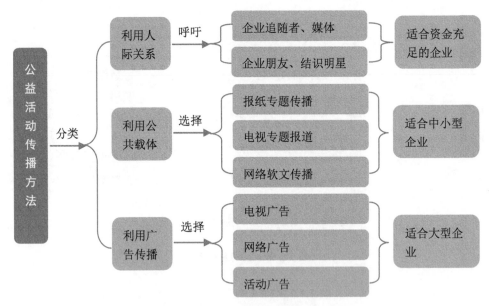

图 10-9　公益活动传播方法

10.5.2　新闻发布会，掌握诀窍

对于活动策划者来说，只有抓住策划新闻发布会活动的 6 大诀窍，才能进一步提高新闻发布会活动的成功概率，如图 10-10 所示。

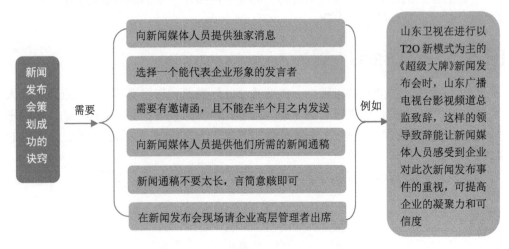

图 10-10　新闻发布会策划成功的诀窍

由于新闻发布会具有正式、正规、权威的特点，所以活动策划者在进行新闻发布会活动策划时，一定要规避一些容易犯而不可犯的事项。下面就来了解新闻发布会活

动策划的注意事项，如图10-11所示。

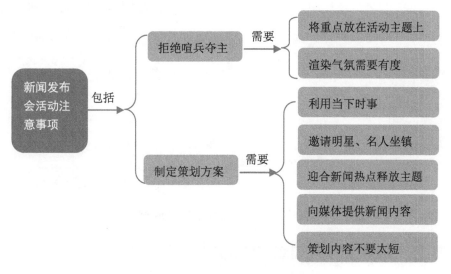

图10-11 新闻发布会活动注意事项

10.6 大学活动，增加经验

活动策划除了被各大企业所需之外，大学也是一个需要活动策划的地方。做好一个活动策划，对于大学生来说就是一个增加人生经验的契机，也是一种提供娱乐的方式。本节就将来讲解大学活动策划的相关知识。

10.6.1 社团活动，亮点创新

社团活动策划书要想被学校领导人审批下来，就一定要有亮点，而这个亮点可以从创意上体现出来。若社团活动策划书毫无创意，完全照搬以前的社团活动，必然会被学校领导人退回来不给予审批，届时就得不偿失了。

值得注意的是，社团活动的创意并不需要那种像艺术家一样天马行空的创意，而是需要像一个思考者一样能对社团成员、对学习有意义的活动，只有这样学校领导才会愿意审批。

虽然社团活动策划书的审批人是学校领导，但是千万不要围绕学校领导的利益进行撰写，否则很难被审批下来，毕竟社团是由学生自主创立而成，学校领导只是作为一个决策人，只要学生有足够的理由打动学校领导，社团定然会成立。而社团活动策划书亦如此，只要策划书围绕几点诀窍来撰写，社团活动不仅会被学校领导审批下来，还会达到社团活动目的，如图10-12所示。

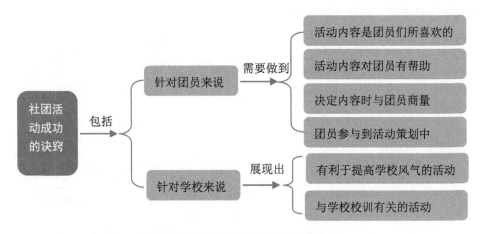

图 10-12　社团活动成功的诀窍

10.6.2　班级活动，释放压力

对于高中生来说，班级活动是一次释放压力的契机；对于大学生来说，班级活动是和同学进一步认识、和老师进一步交流的一个桥梁，由此，班级活动也是大学活动中最为常见的一种类型。

例如，主题班会就是一种既具有教育意义又能增加同学之间彼此了解的班级活动，只要活动的内容同学们感兴趣，就能调动同学们积极参与，成为一次让同学们受益匪浅的活动。

但是活动策划者在进行班级活动策划中，千万不要再随意组织其他活动，毕竟活动需要经费才能进行，而班级活动的经费一般都是同学们缴纳的班费，若活动不能让同学们满意，那么班级活动所起到的作用就不是加强同学之间的感情，而是让同学们满是怨言，这就是所谓的出力不讨好。由此，活动策划者在进行班级活动策划时，一定要掌握 4 种成功诀窍，只有这样班级活动才会有意义，如图 10-13 所示。

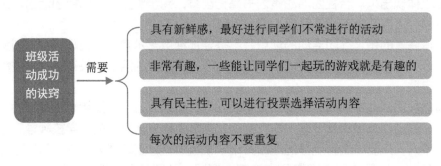

图 10-13　班级活动成功的诀窍

10.7 微信活动，引流战场

所谓微信活动策划，就是利用微信平台进行一系列的活动。由于微信是如今比较火爆的社交工具，所以成为了各大企业、个体的引流战场，也正因此，微信朋友圈和微信公众号已经成为了活动策划者进行活动的一大根据地。

10.7.1 微信朋友圈，挖掘喜好

活动策划者在策划微信朋友圈活动时，需迎合以下两点：
- 是微信朋友所感兴趣的。
- 能让微信朋友以互动的形式获利。

一般来说，活动策划者想要让自己的微信朋友圈的活动能勾起微信朋友们的兴趣，通常需要经过一段时间的调查才能找到方法，那么该如何调查呢？其实很简单，活动策划者可以让整个活动团队成员与他们的微信好友一一交谈，从交谈的过程中，挖掘出微信朋友们对微信活动的喜好与厌烦，然后将他们回答的内容整合在一起，筛选出合适的项目，再将这些项目整合到自己的活动中，这样策划出来的活动必然能引起微信朋友们的注意力。

活动策划者可以问自己的微信朋友 4 个问题，这些问题的回答可以作为活动策划的参考因素，如下所示。
- 你印象最深刻的微信活动有哪些？
- 你最不喜欢的微信活动有哪些？
- 你喜欢哪种形式的微信活动？
- 你最讨厌哪种形式的微信活动？

10.7.2 微信公众号，内容为王

对于企业微信公众号来说，一直都需要以"内容为王"的态度，为关注企业微信公众号的微信用户带来有价值、感兴趣的内容。由此，微信公众号上的活动也需要让微信用户感兴趣。

那么该如何让微信公众活动具有吸引微信用户的能力呢？其实非常简单，活动策划者只要将"亮点"融入到活动中即可。

微信公众号活动亮点可以从以下 3 个方面寻找：
- 借势明星。
- 赋予意义。

- 提供福利。

10.7.3 微商活动，关注引流

微商的兴起原本是在线上，它由只做朋友生意→做朋友的朋友生意→做朋友和陌生人的生意而发生转变，而且还可以将购买产品的朋友变成自己的代理，也就是这样的转变，让微商成为了人们口耳相传的营销方式。

活动策划者若想让自己的微商活动举办成功，就需要关注引流方面的内容，可以说引流的成效可以决定微商活动的成败。试想一下，若活动策划者策划出了一个非常完美的微商活动，可是因为引流不理想，难以让活动展示在大范围人群面前，那就可惜了。

因此，对于线上微商活动来说，成功的秘诀在于引流是否能成功，那么微商活动该如何进行引流呢？如图10-14所示。

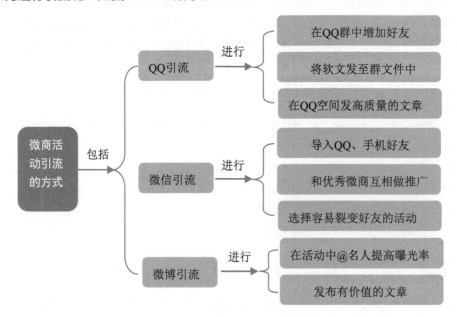

图10-14 微商活动引流的方式

微商活动本就是一种从情感上下手的活动类型，因为微商的绝大多数用户都是自己认识的好友，或者是从好友那里裂变而来的好友，不管怎样，这些好友和微商本人都有一定的情感上链接，正是如此，微商活动才更需要打出情感牌，让情感来吸引人们的注意力。

例如，笔者的小学同学很久没有联系了，有一天突然加上了微信好友，然后发现他是微商，本是起了想删除的念头，可是细想了一下还有同学情谊，所以放弃了删除的想法，而且还去尝试了他家产品，觉得产品还算不错，就成为了长久用户，如图 10-15 所示。

图 10-15　微信上的微商

10.8　行业活动，提高销量

如今各行各业都养成了以活动的形式来提高企业自身的知名度、品牌美誉度、产品销量的习惯。由此，活动已经成为了行业炙手可热的"战士"，成为了各行业不可缺失的一部分。本节就以餐饮、游戏这两大行业为例，了解行业活动策划的相关内容。

10.8.1　餐饮活动，做好口碑

餐饮行业是一种全方位服务的行业，消费者不单单想在餐饮行业中获得美味吃食，还想在享用美味的过程中获得舒心的服务，只有这样消费者才会愿意长久光顾一个地方，才会让消费者感到满意。

于是在餐饮行业中就出现了各个企业不仅在为消费者提供好的吃食，还不停地在策划一些足够吸引消费者眼球的活动来促使消费者得到满足感的现状。由此可知，餐饮行业比较看重的"挖金技巧"就是活动策划了。下面就来了解餐饮行业活动策划的相关内容。

1．自我分析

活动策划者不要急躁地进行餐饮行业活动策划工作，需要根据自身现状做一个诊

疗，分析出可能会影响餐饮活动成功的因素，以便在活动中尽量规避。活动策划者需要以下从 3 个方面入手分析自我：

- 环境变动。
- 自我诊断。
- 了解竞争对手。

2. 切勿盲目

餐饮行业活动最为忌讳的就是盲目进行活动策划，若餐饮活动是活动策划者盲目策划出来的，则很容易偏离活动目的、活动宗旨，很有可能成为消费者避而远之的活动，更可能成为竞争对手的笑柄。

因此，活动策划者在策划餐饮活动之前，需要根据 4 大活动策略加以思考之后再进行活动策划工作。4 大策略如下：

- 动员全民策略。
- 剖析客户策略。
- 促销价格策略。
- 全面满足策略。

3. 营造口碑

餐饮其实是一种最需要口碑效应的行业，例如在团购中，若自家餐馆被消费者留言说味道不好、服务差等不利口碑的评价，则会大大损坏餐馆的名声，从而影响其他消费者想要去此餐馆觅食；若有消费者留言说餐馆味道好、不错的服务等有利于口碑的评价，则会大大提高餐馆的名声，从而推动其他消费者去餐馆亲自体验一番。如图 10-16 所示为美团同段时间推出团购活动的两家餐馆得到不利口碑和得到有利口碑的销量对比。

图 10-16 不利口碑与有利口碑的销量对比

因此，活动策划者在策划餐饮行业的活动时，需要以提高口碑作为活动宗旨，时时刻刻注意活动内容是否会影响口碑，若确定活动能提高口碑，即可实行；若不能确定活动能提高口碑或者发现会影响口碑，哪怕是一点小因素也需要重新修改活动内容，直到确保活动能成为提高口碑的利器为止。

10.8.2 游戏活动，调动兴趣

游戏行业活动最大的作用在于调动游戏玩家玩游戏的兴趣，也就是以活动的形式，让游戏玩家保持对游戏的"把玩"心态。那么何不让活动和游戏融在一起，这岂不加大了游戏玩家玩游戏的频率？

活动策划者可以从两个方面来设计活动，以使活动融入到游戏中，如图10-17所示。

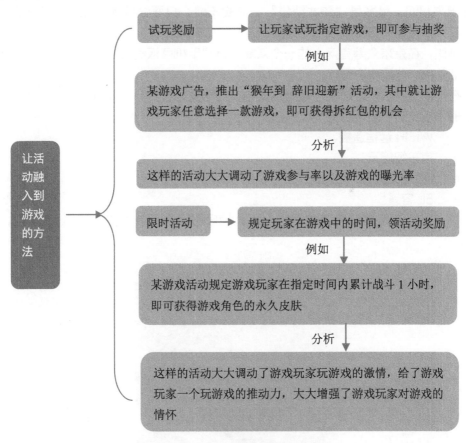

图10-17　让活动融入到游戏的方法

10.9 互联网活动，走在先列

如今，互联网是企业进行营销活动的一大根据地，由此活动策划者需要掌握好关于互联网相关的策划活动技巧，只有这样策划出来的活动才能走在前列。本节讲述互联网活动策划的相关内容。

10.9.1 众筹活动，引起注意

在互联网活动中，众筹活动是一种新型的活动形式，也被很多企业所看好，下面来详细了解如何才能策划好一个众筹活动。

一些活动策划者一般都不愿意策划众筹型活动，因为他们认为众筹型活动很难给企业带来利润，最多是"赔本销售"，其实不然。只要众筹活动能引起消费者的注意，就很容易让消费者愿意主动筹款，且产生口碑效应。

例如，在京东众筹官网上的一个众筹项目"手机煮饭时代"，就聪明地掌握了众筹型活动的一些成功诀窍。

在某某"手机煮饭时代"众筹活动中，活动策划者将产品能满足"消费者所解决不了的需求"的产品特点提取出来：

- Wi-Fi 远程遥控。
- 京东智能云。
- 高端触控。
- 5L 容量。

这些特点满足了消费者的痛点，大大地吸引了消费者的注意力，如图 10-18 所示。

图 10-18 突出满足消费者痛点的产品特点

又如，在某某无线充电器众筹活动中，以文艺的句子"这才是我要的生活……渴望旅行，一个人，一辆单车，一个背包……"，让无线充电器变得有温度、有感情、有感染力。

不管是何种类型的活动，都需要一个好的策划方案，才能让企业有所收获。由此众筹型活动可从 4 个方面入手，策划出一个好的活动方案，如图 10-19 所示。

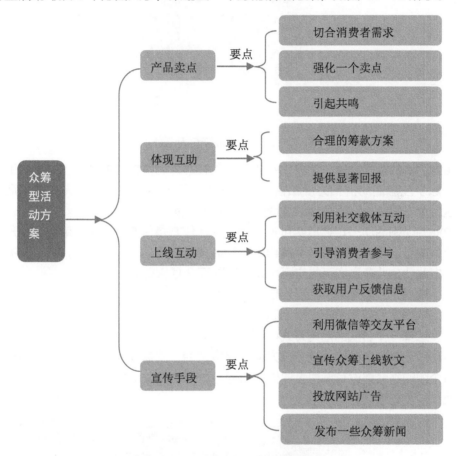

图 10-19　策划众筹型活动的方法

10.9.2　团购活动，注重好评

其实团购活动就是一种促销行为，它最大的作用在于提高品牌的知名度，获得产品好评。活动策划者若想让自己策划的团购活动获得成功，首要任务就是选择一个好的互联网团购平台，可以从 3 个方面进行考虑，分别是口碑、实力和规模。

活动策划者还可以在互联网上查看团购市场在当时的份额，通过这个调查能了解消费者的青睐偏向。例如，从中国团购市场份额图中可以看出，美团排列第一，大众点评紧随其后，百度糯米也不甘落后，如图 10-20 所示。

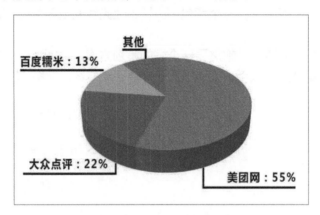

图 10-20　中国团购市场份额图

团购活动的折扣力度一定要比平常大，只有这样消费者才愿意在团购平台上参与活动。除了注意活动折扣力度和合作平台之外，还需要注意活动的真实性和活动评价，这两个方面是决定团购活动是否成功的重大要素。

企业的团购活动一定要真实可靠，且不说合作方是否愿意合作，单对品牌形象来说，虚假的互动会大大地损坏品牌口碑，让消费者对产品、品牌失望，届时就得不偿失了。由此，企业在真实可靠方面可以参考以下 3 项原则。

- 根据企业实际经济状况设定活动力度。
- 根据企业实际情况设定活动时长。
- 选择一个合适的团购方式。

活动策划者在考虑完活动投放方面的事宜之后，就需要考虑维护问题，即评价。如今每个团购平台都设有消费者评价的功能，这个功能有如图 10-21 所示的 3 方面的好处。

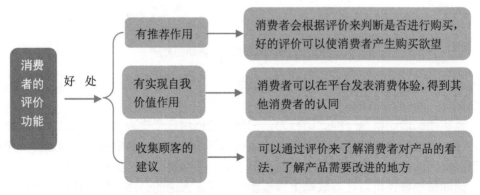

图 10-21　消费者的评价功能

对于消费者而言，评价就是一盏"指路灯"，若评价好，消费者就会愿意购买，若评价不好，消费者就很容易打消购买意向，由此，活动策划者需要想办法应对差评问题。

例如，面对消费者说"餐盒中有股洗洁精的味道，要求商家注意一下卫生"时，商家则可以礼貌地说"外卖打包盒从来没有重复使用过，如果您方便的话可以随时欢迎您进店参观，而且我们厨房的操作流程都是透明的，这样也能让其他消费者看到，避免出现误会"。如图 10-22 所示为某团购活动面对"餐盒有洗洁精味道"问题的巧妙回复。

图 10-22　某团购活动面对差评的巧妙回复